고구려, 신화의 시대

고구려, 신화의 시대

초판 1쇄 발행 | 2023년 4월 17일
지은이 | 전호태
펴낸이 | 이연숙

펴낸곳 | 도서출판 덕주
출판신고 | 제2018-000137호(2018년 12월 13일)
주소 | 서울시 종로구 인사동길 19-2(와담빌딩) 6층
전화 | 02-733-1470
팩스 | 02-6280-7331
이메일 | duckjubooks@naver.com
홈페이지 | www.duckjubooks.co.kr

ISBN 979-11-979349-2-6 (03910)

고구려, 신화의 시대

신화의 시대

전호태 지음

ᴧ덕주

들어가며

고구려의 역사는 시조 왕 주몽의 신비로운 출생담으로 시작된다. 부여 동명왕 신화의 계보를 잇는 주몽 신화는 고구려 사람들이 해와 달의 아들로 믿고 숭배했던 영웅 주몽의 드라마틱한 삶의 일대기이기도 하다. 고난과 위기를 넘기며 영웅 전사로 성장해 왕이 되기까지, 용의 머리를 딛고 고향인 하늘로 올라가기까지 주몽 이야기는 고구려 전사들의 삶의 모델이기도 했다.

시조 왕 주몽의 일대기처럼 고구려 역사도 꽤나 파란만장하고 드라마틱하다. 중국 한나라의 해외 군현이 들어섰던 비류하와 청하 일대, 지금의 태자하와 압록강 일대의 부여 이주민들이 독립운동을 일으킨 결과가 고구려의 건국이었고, 남만주 일대 여러 민족이 힘을 모아 주변 세력을 물리치고 제압하고 아우른 결과가 고구려의 성장이었다. 주몽을 중심으로 뭉친 초기 고구려의 지배 세력은 해와 달의 아들이 시조 왕이라는 신화 전설을 이데올로기 삼아 생활 방식과 습속이 다른 여러 민족을 하나로 묶었다.

　중국의 통일 왕조인 수나라, 당나라와 70년에 걸친 전쟁 끝에 고구려는 멸망했고, 주요 도시의 귀족과 부유한 백성, 장인들은 당나라로 끌려갔다. 황폐해진 제 땅에 머물기 힘들었던 사람들은 남쪽의 신라, 바다 건너 일본, 서북쪽의 돌궐 땅으로 이주하거나, 백두산 너머 동북의 미개척지로 삶터를 옮겼다. 이주하기도 어려웠던 사람들은 당나라 식민지의 2등 국민으로, 당나라와 동맹을 맺었던 신라의 백성으로 살기를 거부하고 부흥 운동을 펼쳤다. 30년에 걸쳐 간간이 일어났던 부흥과 독립을 위한 불꽃은 결국 발해의 건국이라는 새로운 역사의 출발로 활활 타올랐다.

　언젠가는 시조 왕 주몽 신화를 포함하여 고구려 역사의 동력이기도 했던 신들의 이야기, 신화 전설의 세계를 한 번쯤 정리하고 싶었다. 그러나 기록도 부실하고, 별다른 계기도 없어 차일피일하고 있었다. 취미 삼아 하던 전각 작품의 세 번째 회원전 도중 무우수갤러리로부터 초대전 제안을 받았다. 며칠 고민하다가 초짜인 주제에 감히 응낙하고 말았다.

출판사도 운영하는 갤러리의 권유로 전각 전시와 맞물리는 책의 출간도 준비하게 되었다. 2023년 1월, '고구려-신화의 시대'를 가제로 구상한 전각 작품 하나마다 글 한 조각 마주 보게 하는 식으로 글을 구상하고 써나가기 시작했다. 주제별로 새길 돌 40개에 마무리하는 패널 1장으로 전시 디자인을 하고 글도 거기 맞추어 썼다. 일단 마무리하고 보니, 실제 글도 41꼭지다. 물론, 부러 전시 작품과 글 꼭지 수를 맞춘 건 아니다. 글쓰기를 잠시 멈추었다가 몇 꼭지 더 했으니까.

고구려의 신화와 전설은 문헌 기록으로 남은 게 거의 없다. 주몽과 유화를 주인공으로 하는 신화가 다라고 해도 과언이 아니다. 고구려 사람들이 스스로 남긴 가장 긴 글이 광개토왕릉비인데, 여기에서도 주몽과 유화의 이야기 외에 다른 신화적 전승은 글로 새겨져 있지 않다.

이 책의 글에 고구려 이웃 나라들의 신화 전설과 필자의 상상력이 덧붙어 있는 것도 이 때문이다.

글을 쓰는 동안 함께하며 격려해준 하늘나라의 아내 연희, 프리랜서 작가인 딸 혜전, 학업 중 국방의 의무를 다하고 있는 아들 혜준에게 감사한다. 책 쓸 계기를 마련해준 덕주출판사 이연숙 대표와 초대전 제안을 해준 문활람 작가에게도 감사한다. 도판 많고 글 정리도 만만치 않은 책을 묵묵히 편집하고 마무리한 최향금 편집장에게도 고마운 마음을 전한다.

2023년 2월, 문수산 아래 연구실에서

전호태

차례

4장 신비한 새와 짐승

부록 고구려 고분벽화의 해와 달 · 221

1장

해모수, 유화, 주몽

하백의 딸들은 강변에서 볼 수 있는 버드나무와 원추리,
갈대에서 피어나는 곱고 아리따운 꽃과 다름없었다.
새우나 가재, 버들치, 혹은 황어나 송어, 은어가 아니라
강변의 꽃처럼 보였다. 강과 바다의 세 딸도 용이었으리라.

1　신화의 시작

그러나 처음에는 믿지 못하고 귀(鬼)나 환(幻)으로만 생각하였는데, 세 번 반복하여 읽어서 점점 그 근원에 들어가니, 환(幻)이 아니고 성(聖)이며, 귀(鬼)가 아니고 신(神)이었다.[1]

알지 못하면 기이한 것이다. 때로 부러 기이한 걸 찾기도 하지만, 일상에서 겪기 어렵고 낯설면 그도 기이한 것이다. 과학이 많은 걸 밝혔다고 해도 여전히 '기이한 이야기'는 있고, 보통 사람의 상상에서만 가능한 일을 해내거나, 그런 일이 일어날 때 사람들은 '신화'니 '전설'이니 하는 말을 쓴다.

고려의 문인 이규보(李奎報, 1169~1241)는 자신의 문집『동국이상국집(東國李相國集)』에서『구삼국사(舊三國史)』의「동명왕본기」를 세 번 반복하여 본 소감이 '환(幻)이 아니고 성(聖)이며, 귀(鬼)가 아니고 신(神)'이라고 했다. 괴력난신(怪力亂神)을 말하지 않는 유학자로 귀나 환에는 눈길도 주지 않으리라 마음먹었던 이가 고구려라는 나라의 문을 연 동명왕 주몽 이야기에서 귀나 환이 아닌 성과 신을 만난 것이다.

동아시아의 가장 강력한 국가였던 중국 한 왕조의 군현이 세워진

1　意以爲鬼幻. 及三復耽味. 漸涉其源. 非幻也. 乃聖也. 非鬼也. 乃神也『東國李相國集』.

땅, 예맥계의 부여 사람들이 산골짜기 여기저기 무리 지어 살던 곳, 큰 강 청하(淸河)와 만날 수 있는 넓기도 하고 좁기도 한 한반도와 만주의 경계 지대. 주몽은 백산(白山)이라 불리던 거대한 산, 사방 어디를 보아도 숲과 개울만 보이던 거대한 삼림지대로 둘러싸인 큰 산의 언저리 어디선가에서 불쑥 모습을 드러냈다.

혹자는 그가 큰 산 북쪽 먼 곳, 초원지대에서 왔다고도 하고, 큰 산 동쪽의 골짝과 숲 사이에서 나타났다고도 했다. 그러나 그가 어디서 왔는지는 아무도 몰랐다. 그저 하늘에서 내려온 큰 왕의 아들이라는, 알에서 나 명궁 중의 명궁으로 널리 알려진 부여 사람이라는 이야기가 한인(漢人)과 부여계 예맥 사람들 사이에 떠돌 뿐이었다.

전설은 전설을 낳고, 신화는 신화를 더하여 말한다. 하늘 임금님이 아버지라는 주몽의 어머니는 청하의 하백이 낳은 세 딸 가운데 첫째로 천하의 미인이었다. 하늘 임금님이 청하 공주에게 반해 청혼해 낳은 자식이 주몽이다. 청하 공주님이 낳은 까닭에 주몽은 알을 깨고 나왔다. 주몽은 하늘과 청하 사이의 아들이다. 그래서 해와 달 사이의 아들과 같다 등등.

414년 세워진 광개토대왕릉비(廣開土大王陵碑)는 첫 줄부터 동명왕 주몽에게서 시작된 고구려의 역사를 말한다.

> 옛적에 시조 추모왕(鄒牟王)이 나라를 열었다. [추모왕은] 북부여(北夫餘)에서 태어났는데, 천제의 아들이었고 어머니는 하백(河伯)의 따님이었다. 알을 깨고 세상에 강림하였으니, 탄생하면서부터 성스러움이 있었다.

광개토대왕릉비(일제강점기, 중국 집안)

이미 400여 년이 지난 뒤에도 고구려 사람들은 동명왕 주몽이 알에서 난 천제(天帝)의 아들이라는 믿음을 공유하고 있었다. 광개토왕릉비에서 선언하고 있는 이 신화적 구절을 백성들이 아니라고 고개를 저었을까? 광개토왕릉비가 세워질 즈음 묵서(墨書)로 쓰인 북부여 수사(守事) 모두루(牟頭婁) 가문의 묘지명에는 동명왕 주몽을 해와 달의 아들이라고 말한다. 그런 까닭에 고구려는 성스러운 나라라는 것이다.

당 태종이 직접 이끌고 온 30만 당군(唐軍)과 전투가 한창이던 645년 5월, 포위된 고구려 요동성의 백성들은 성내 주몽사(朱蒙祠)에 몰려가 미녀를 단장하여 여신으로 모시고 하늘의 아들인 주몽신과 그 어머니 유화신에게 저들을 구원해 줄 것을 빌었다.[2]

고구려의 크고 작은 성마다 만들어지고 모셔졌던 주몽신, 유화신 모시는 사당이 여러 종족으로 구성된 고구려 백성에게는 구심점이었고, 백성들이 너나없이 고구려 사람으로서 자부심을 느끼게 하는 상징이었을 것이다.

중국 길림성 집안에 축조된 거대한 석실분들, 통구사신총이나 오회분4호묘 등은 고구려와 중국의 수나라가 전면전을 벌이던 6세기 말 이전에 축조된 왕실 사람이나 대귀족의 무덤들이다. 6세기 전반이나 후반의 작품들인 무덤칸 벽화에는 해신과 달신, 불의 신과 농사의 신, 쇠부리 신과 수레바퀴의 신, 숫돌의 신 등이 그려졌다. 부여신(夫餘神) 유화, 등고신(登高神) 주몽에 비견될 수 있는 해신과 달신 이외의 신들은 고구려에 관한 중국 측 기록에도 보이지 않는 신앙 대상이다.

---

2 城有朱蒙祠, 祠有鎖甲銛矛, 妄言前燕世天所降. 方圍急, 餙美女以婦神, 巫言, "朱蒙悅, 城必完." 『三國史記』卷21, 「高句麗本紀」9, 寶藏王 4年 5월.

2 해모수

> 천제(天帝)가 태자를 보내어 부여 왕의 옛 도읍에 내려와 놀게 했
> 는데, 이름이 해모수(解慕漱)였다. 오룡거(五龍車)를 타고 하늘에서
> 내려오는데 따르는 사람 1백여 인은 모두 흰 고니를 탔다. 채색 구
> 름은 위에 뜨고 음악 소리는 구름 속에서 울렸다. 웅심산(熊心山)에
> 와 머물렀다.[3]

해모수라는 이름에도 누구라는 걸 짐작하게 하는 실마리가 남아 있
지만, 모두루 묘지명이 보여주는 고구려 사람들의 신앙적 차원의 인식
으로 미루어 보아도 해모수는 해신이다. 평양 진파리7호분 출토 금구
안의 해에는 세발까마귀가 묘사되었다. 이 금빛 세발까마귀, 곧 금오
(金烏)가 사람의 모습으로 세상에 자신을 보이고, 오룡거를 탄 해신이
사람 모습으로 자신을 드러낸 게, 바로 해모수였을 것이다. 천제의 아
들이라는 해모수는 해신이었다.

왕자는 오룡거를 탔고, 하늘 사람들은 흰 고니를 탔다. 다섯 마리의
용이 끄는 수레와 백여 마리의 흰 고니가 하늘에서 땅으로 내려왔으

---

3 天帝遣太子降遊扶余王古都. 號解慕漱. 從天而下. 乘五龍車. 從者百餘人. 皆騎白鵠. 彩雲浮
於上. 音樂動雲中. 止熊心山『東國李相國集』所引『舊三國史』「東明王本紀」.

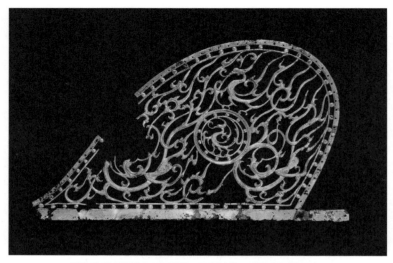

평양 진파리7호분 출토 '금동투조금구'(북한 조선중앙력사박물관)

니, 정말 볼 만했을 것이다. 한나라 화상석에서는 용이 끄는 수레를 타고 하늘을 나는 선인의 모습을 묘사한 사례를 여럿 찾아볼 수 있다.

중국 삼국시대 조조의 아들 조식(曹植)이 지은 낙신부(洛神賦)를 형상화한 동진의 화가 고개지(顧愷之)의 '낙신부도(洛神賦圖)'에는 낙수(洛水)의 신인 복비(宓妃)가 여섯 마리의 용이 끄는 수레를 타고 조식과 헤어지는 장면이 묘사되었다. 여러 마리의 용이 끄는 수레는 큰 강의 신도 타고 다닐 수 있었으니, 강과 바다의 신은 정체가 용인 까닭이다. 하늘의 왕자도 강의 여신도, 용이 끄는 수레를 탈 수 있었으니, 해모수와 유화가 부부의 연을 맺은 게 허투루 일어난 일은 아님을 알 수 있다.

희고 커다란 새 고니는 겨울이면 북극해로 흘러드는 시베리아 레나강 어귀에서 툰드라의 나무 바다를 건너오는 철새다. 넓고 깊은 나무의 바다를 지나 끝없는 초원의 한쪽에서 이끼 찾는 순록 떼를 내려다보며 땅 저 끝에서 이 끝으로 온다. 사람들은 이 새를 하늘 사자로도 생각했고, 조상신들이 사는 북쪽 먼 산에서 좋은 소식 가져오는 조상신들의 전령으로도 여겼다. 무리 지어 날아오는 크고 흰 새 고니는 좋은 소식 자체이기도 했다. 해신 해모수의 오룡거를 둘러싸며 날아오는 하얀 고니 떼의 모습은 상상만 해도 사람들의 기분을 좋게 하지 않았겠는가.

고려시대에는 유가 지식이 탄탄한 학자 관료들이 정치와 행정을 주도했지만, 고려의 국교는 불교였고, 왕실이 중심이 된 주요한 제사 중에는 도교의 도사들이 주관하는 것도 여럿 있었다. 말 그대로 유, 불, 도가 정립하여 승려와 유학자들 가운데에는 삼교회통(三敎會通) 수준의 지식을 갖추고 교유하는 걸 당연시하는 이들이 적지 않았다. 당대의 내로라하는 지식인으로 알려진 이규보의 글이 아니라도 도교적 인식과 표현을 바탕으로 한 문장이 사람들 사이에 오고 가는 건 자연스러운 일이었다. 아마 고려 전기의 어느 시점에 정리되었을 수도 있는 『구삼국사』의 「동명왕본기」에 해모수의 오룡거 이야기가 실린 것도 이와 같은 사회적 분위기 때문이었으리라.

3 유화

성의 북쪽으로 청하(靑河)가 흘렀다. 청하는 지금의 압록강(鴨綠江)
이다. 하백의 세 딸이 아름다웠다. 맏이가 유화(柳花)요, 다음은 훤
화(萱花)며, 막내는 위화(葦花)다. 셋이 청하에서 나와 웅심연(熊心
淵) 가에서 놀았다. 자태가 곱고 아리따웠는데 여러 가지 패옥(佩
玉)이 쟁그랑거려 한고(漢皐)와 다름없었다. … 방 안에 세 자리를
베풀고 술상을 차려 놓았다. 그 여자들이 각각 그 자리에 앉아 서
로 권하며 마셔 술이 크게 취하였다. 왕이 세 여자가 크게 취할 것
을 기다려 급히 나가 막으니 여자들이 놀라 달아나다가 맏딸 유화
가 왕에게 붙잡혔다.[4]

하백의 딸들은 강변에서 볼 수 있는 버드나무와 원추리, 갈대에서
피어나는 곱고 아리따운 꽃과 다름없었다. 새우나 가재, 버들치, 혹은
황어나 송어, 은어가 아니라 강변의 꽃처럼 보였다. 강과 바다의 신은
본래 용이니, 아마 이 세 딸도 용이었으리라.

---

4 城北有靑河. 靑河今鴨綠江也. 河伯三女美 長曰柳花. 次曰萱花. 季曰葦花 自靑河出遊熊心淵
上. 神姿艶麗. 雜佩鏘洋. 與漢皐無異. … 於室中. 設三席置樽酒. 其女各坐其席. 相勸飮 酒大醉云
云. 王俟三女大醉急出. 遮女等驚走. 長女柳花. 爲王所止 『東國李相國集』 所引 『舊三國史』 「東明
王本紀」.

바다를 향해 흐르던 강이 어딘가에서 땅을 감아 휘돌다가 그 물길이 끊어지거나 들고나는 길이 가늘어져 본류에서 벗어나면, 그곳은 못이나 호수가 된다. 웅심연(熊心淵)은 그런 데였을 것이다. 못이 깊으면서도 맑은 곳. 때론 곰이 내려와 어슬렁거리고, 호랑이가 잠시 목을 축이러 오던 큰 못.

물에서 나와 물에 들어가니, 아마 아비 하백이 지키고 있는 강을 벗어나 놀고 싶었으리라. 흐르는 강이 아니라 고요히 머물러 얼굴을 비추어 제 모습을 볼 수도 있는 거기서 재잘거리다가 문득 못 옆에 세워진 그림 같은 집에 들어가 보니, 술상이 차려져 있는 게 아닌가. 상 위 술동이 주변으로 향긋한 내음도 떠돈다. 한 잔이 두 잔 되고, 두 잔이 석 잔 될 즈음 자매들이 취기 오른 눈으로 서로를 보니, 볼은 발그레하고, 입술 끝은 부드럽게 웃고 있는데, 눈은 벌써 풀려 있다.

천제의 아들 해모수에게 잡힌 버들꽃 유화. 버드나무는 성스러운 나무다. 물가에서 자라 큰 나무가 되니 생명의 힘이 왕성한 나무이다. 동아시아에서 버드나무는 생명의 기운을 뿜어내는 성목(聖木)으로 숭배되었다.[5] 고구려와 선비, 거란, 만주와 몽골 사람들에게 버드나무는 하늘과 땅을 잇는 신성한 나무였고[6], 두 세계 사이를 잇는 솟대, 곧 하늘 기둥으로 쓰이는 나무였다. 솟대 끝 새의 모델이 고니나 청둥오리같이 겨울이면 남으로 내려오고, 봄이면 북으로 올라가는 철새, 혹은 이런 새들의 천적인 매나 수리이다.

---

5 최혜영, 2008, 「버드나무 신화소를 통해 본 유라시아 지역의 문명 교류의 가능성 혹은 그 接點」 『동북아역사논총』 22, 185~217쪽.

6 박원길, 2001, 『유라시아 초원제국의 샤마니즘』, 민속원, 81~84쪽.

고려 정병의 버드나무(국립중앙박물관)

　버들꽃 유화는 생명을 살리는 버드나무에서 피는 꽃이니, 유화는 생명의 정수라고 할 수 있다. 그런 유화가 하늘 신 해모수와의 사이에서 낳은 주몽에게 생명을 살리는 능력이 있는 것도 자연스럽다. 물과 생명이 떼려야 뗄 수 없는 관계이듯이 유화와 하백 역시 아버지와 딸로 자연스럽게 이어진다. 그러니 하백이 첫 딸 유화를 얼마나 사랑하였겠는가.

　선비족 탁발부(拓跋部)는 북위(北魏)를 세워 북중국을 제패했다. 후손들이 중국의 통일 왕조인 수(隋)와 당(唐)을 세운 민족이다. 남북조시대의 북위가 남긴 화상선화(畫像線畫)에 버드나무가 자주 등장하는 건 이들이 만주 북쪽에서 남으로 내려오기 전부터 지니고 있던 성목신앙이 여전히 남아 있어서다.[7] 고려 불교 회화의 진수로 불리는 양유관음

7　전호태, 2020, 「영주 신라 벽화고분 연구」『선사와 고대』 64, 67~90쪽.

버드나무(고양 일산)

도(楊柳觀音圖)의 성스럽고 자비로운 관세음보살 옆에 버드나무 가지가 꽂힌 정병(淨瓶)이 그려지는 것도 생명의 힘을 내뿜는 귀한 나무에 대한 인식이 고려 사람들에게 남아 있어서다. 고려 태조 왕건이 나주 오씨와 인연을 맺을 때 우물곁에 있다가 버드나무 잎 몇을 띄운 물그릇을 왕이 될 사람에게 건넨 여인의 지혜 안에는 생명나무 인식이 남아 있었다. 이런 이야기들의 시작이 하백의 딸 버들꽃 유화와 천제의 아들 해모수의 만남이다.

4 하백

하백이, "왕이 천제(天帝)의 아들이라면 무슨 신통하고 이상한 재주가 있는가?" 하니, 왕이, "무엇이든지 시험하여 보소서." 하였다. 이에 하백이 뜰 앞의 물에서 잉어가 되어 물결을 따라 노니니 왕이 수달로 변하여 잡았고, 하백이 또 사슴이 되어 달아나니 왕이 승냥이로 변하여 뒤쫓았다. 하백이 꿩이 되니 왕은 매가 되었다. 하백이 이는 참으로 천제의 아들이라 여겨 예로 혼인을 이루고자 하였다.[8]

중국에 황하가 있듯이, 만주와 한반도 사이를 흐르는 건 청하[압록강, 압록수]다. 누런 황하도, 푸른 청하도 주인은 하백이다. 이 큰 강들의 신 하백은 물고기, 자라, 용이 끄는 수레를 타고 다닌다. 아마 청하의 하백도 용이 끄는 수레를 타고 물과 땅 사이를 자유롭게 다녔으리라. 신화에서 신이 부리거나 데리고 다니는 동물은 신 자신이기도 하다. 호랑이를 데리고 다니는 산신의 실체가 호랑이듯이, 용을 부리는 하백의 실체는 용이다.

---

8 河伯曰. 王是天帝之子. 有何神異. 王曰. 唯在所試. 於是. 河伯於庭前水. 化爲鯉. 隨浪而游. 王化爲獺而捕之. 河伯又化爲鹿而走. 王化爲豺逐之. 河伯化爲雉. 王化爲鷹擊之. 河伯以爲誠是天帝之子. 以禮成婚『東國李相國集』所引『舊三國史』「東明王本紀」.

청하로 불렸던 압록강

용은 물에서 놀다 하늘로 올라간다. 그러나 하늘로 올라가지 못하고 물을 떠나지 못하는 용도 있다. 어떻게 보면 하백도 그런 존재다. 하늘로 오르지 못하는 용과 하늘에 올라 하늘 세계의 일원이 되는 용은 등급이 다르다. 하늘은 하늘의 왕이 하늘과 세상을 다스리는 곳인 까닭이다.

하백은 하늘의 왕이 다스리는 우주, 곧 하늘과 물과 땅의 여러 제후 가운데 하나이다. 세상 신 중의 하나지만, 등급은 하늘의 여러 제후 아래다. 땅과 물의 여러 곳을 나누어 다스리는 제후 등급의 신들 가운데 하나일 뿐이다. 지금 천제의 아들인 해모수를 시험해보려는 하백은 청하의 신이니, 제후의 등급으로 치면 그리 높은 편이 아니라고 할 수 있다.

두 신의 대결에서 하나는 잉어가 되고, 하나는 수달이 되니 등급의 차가 뚜렷하다. 해모수는 잉어가 된 하백보다 크고 힘센 잉어로 변신한 게 아니라 물속의 모든 것을 먹이로 삼을 수 있는 수달이 되었으니, 그야말로 하늘과 땅 차이다. 사슴을 쫓는 승냥이나 꿩을 잡아채는 매나 등급의 차이는 확실하다. 먹고 먹히는 자연의 세계에서 하나는 먹히는 짐승이요, 다른 하나는 잡아먹는 포식자다. 먹이 피라미드에서 차지하는 자리가 아예 다른 것이다. 이보다 명백한 등급의 차이가 어디 있겠는가.

그러니 하백은 자신의 맏딸 버들꽃을 내놓을 수밖에 없다. 오히려 청하의 신 가문이 하늘의 왕, 천제의 아들과 인연을 맺게 되었으니, 이를 감사하고 환영할 일이다. 다만, 안타깝게도 버들꽃 유화는 해모수와 함께 하늘에 오르지는 못한다. 실제 물 곁에 뿌리를 내린 버드나무가 세상을 빛으로 밝히는 해의 신과 일가가 되기는 어렵다. 붉게 타오르는 해와 찰랑거리는 물 곁의 큰 나무가 만날 수는 있어도 하나가 되기는 어려운 것이다. 해모수와 유화는 웅심연 곁, 임의로 세워진 누각에서의 짧은 만남 뒤, 각각 자신의 자리로 되돌아갈 수밖에 없었던 셈이다.

5   용-새-물고기

하백이 그 딸에게 크게 노하여, "네가 내 훈계를 따르지 않아서 마침내 우리 가문을 욕되게 하였다." 하고, 좌우를 시켜 딸의 입을 옭아 잡아당기어 입술의 길이가 석 자나 되게 하고 노비 두 사람만을 주어 우발수 가운데로 추방하였다. 어사(漁師) 강력부추(强力扶鄒)가 "근자에 어량(魚梁) 속의 물고기를 도둑질해 가는 것이 있는데 무슨 짐승인지 알 수 없습니다." 하였다. 왕이 어사를 시켜 그물로 끌어내니 그물이 찢어졌다. 다시 쇠그물을 만들어 당겨 돌에 앉아 있는 여자를 얻었다. 그 여자는 입술이 길어 말을 하지 못했다. 입술을 세 번 잘라내자 말을 했다.[9]

하백은 가문을 욕되게 하였다며 맏딸 유화를 우발수로 귀양 보낼 때, 입술을 잡아 늘여 길이가 석 자나 되게 했다고 한다. 정체가 용인 유화가 물속에서 먹을 건 물고기뿐이지만, 하백이 딸의 입술을 길게 잡아 늘인 이유는 뭘까? 용은 처음부터 주둥이가 길다. 굳이 입술을 길

---

9 河伯大怒. 其女曰. 汝不從我訓. 終欲我門. 令左右絞挽女口. 其脣吻長三尺. 唯與奴婢二人. 貶於優渤澤中. 優渤澤名. 今在太伯山南. 漁師强力扶鄒告曰. 近有盜梁中魚而將去者. 未知何獸也. 王乃使魚師以網引之. 其網破裂. 更造鐵網引之. 始得一女. 坐石而出. 其女脣長不能言. 令三截其脣乃言『東國李相國集』所引『舊三國史』「東明王本紀」.

경주 천마총 출토 금동합에 장식된 '용'(국립경주박물관)

게 늘일 이유도 없지 않은가? 게다가 입술을 길게 늘였다고 말을 할 수
없게 되는 건 아니다.

신라의 시조 왕 박혁거세 거서간의 왕비 알영은, 계룡(鷄龍)이 알영
정 가에서 옆구리로 낳았다.[10] 계룡이 제 몸에서 낳았으니, 알영도 계
룡이다. 닭 모습의 용이니, 태어난 아기 알영의 입은 당연히 새의 부리
일 수밖에 없다. 신화는 아기의 입이 새 부리 모양이어서 제대로 울지
도 못하기에 북천(北川)에서 씻기니 새 부리가 떨어져 나갔단다.[11] 그제
야 아기가 울었다는 것이다.

---

10 불교의 석가모니 붓다, 곧 고다마 싯다르타가 어머니 마야부인의 옆구리에서 났다는 신화적인 이
야기에서 비롯된 서술이다(전호태, 2021, 『울산 천전리 각석 암각화 톺아읽기』, 민속원, 172~173쪽).

11 是日沙梁里鷗英井 邊有鷄龍現, 而左脇誕生童女 姿容殊麗, 然而唇似雞觜將浴於月城北川其觜撥
落, 因名其川曰撥川 『三國遺事』 卷1, 「紀異」 1, 新羅始祖 朴赫居世.

오회분4호묘 벽화의 '황룡'(중국 집안)

신화-전설의 세계에서 용은 변신의 귀재다. 때로 봉황과 같은 신비한 새로 모습을 바꾸어 하늘의 이 끝에서 저 끝까지 날아가기도 하고, 물고기로 변하여 강과 바다를 마음대로 넘나들기도 한다. 용의 모습으로 신선을 등에 태운 채 하늘을 날기도 하고, 하늘의 왕을 태운 수레를 끌며 동쪽 끝에서 서쪽 끝까지 하늘길을 날아다니기도 한다.

이렇게 여러 종류의 신비한 생명체로 모습을 바꿀 수 있는 까닭에 사람들은 용을 여러 종류로 나누어 부르기도 한다. 저룡(猪龍)이 있는가 하면, 어룡(魚龍)이 있고, 계룡이 있다는 이야기도 이 때문에 나왔다. 용은 계절에 따라 큰 새가 되어 하늘로 오르기도 하고, 커다란 물고기가 되어 강과 바다로 되돌아오기도 한다. 용이 천둥소리 내며 번개를 타고 승천(昇天)한다는 말도 여기에서 나왔다.

입술이 길게 늘어진 유화는 용의 한 종류인 계룡이 된 것이고, 입술이 짧아져 말할 수 있게 된 버들꽃은 용이 제 모습을 되찾은 것이다. 사람과 말을 나눌 수 있게 되었으니, 무서운 형상의 괴물에서 버들꽃처럼 아리따운 여인으로 모습을 바꾼 것이기도 하다. 이제 물속에서 살기를 그만두고 세상으로 나왔으니, 용이었던 하백의 딸이 사람으로 형상을 바꿀 수밖에 없기도 하다.

버드나무는 뿌리를 물속으로 뻗지만, 줄기는 땅에서 위로 솟으니 땅의 생명이다. 게다가 오랜 세월 거목으로 자라면 하늘을 향하여 자꾸 뻗어 올라간다. 가지는 휘어 물가로 드리울 듯해도 줄기는 굵어지면서 하늘로 오르는 기둥이 되는 것이다.

동아시아의 여러 민족은 이런 버드나무를 하늘과 땅, 물과 이어진 성스러운 나무로 여겼다. 하백의 딸 유화가 천제의 아들 해모수와 인연을 맺고 세상을 이끌 영웅 주몽을 낳는다는 신화적 스토리텔링이 이루어져 청하 근처에 살던 부여 사람들의 입에 오르내리게 된 것도 이 때문이 아니겠는가.

6   알-고난

왕이 천제 아들의 비(妃)인 것을 알고 별궁(別宮)에 있게 했더니, 그 여자의 품에 해가 비치자 임신하여 신작(神雀) 4년 계해년 여름 4월에 주몽(朱蒙)을 낳았다. 아기의 우는 소리가 매우 크고 골상이 기이하였다. 처음 낳을 때, 왼쪽 겨드랑이로 알 하나를 낳았는데, 크기가 닷되[五升]들이만 하였다. 왕이 괴이히 여겨 "사람이 새알을 낳았으니, 상서롭지 못하다."며 마구간에 두게 했다. 말들이 밟지 않았다. 깊은 산에 버렸더니 짐승들이 지켜주었다. 구름 끼고 음침한 날에도 알 위에는 늘 햇빛이 있었다. 왕이 알을 도로 가져다가 어미에게 보내 기르게 했다. 마침내 알이 갈라지고 사내아이가 나왔다. 낳은 지 한 달이 지나지 않아서 말을 제대로 했다.[12]

이미 천제의 아들 해모수와 인연을 맺은 유화에게 다시 햇빛이 비쳤다. 이는 중국의 제왕이 태어날 때, 덧붙는 신화-전설적인 이야기와 같다. 새의 알을 먹고 아기를 가진 처녀도 있었고, 커다란 발자국을 밟은

---

[12] 王知天帝子妃. 以別宮置之. 其女懷中日曜. 因以有娠. 神雀四年癸亥歲夏四月. 生朱蒙. 啼聲甚偉. 骨表英奇. 初生左腋生一卵. 大如五升許. 王怪之曰. 人生鳥卵. 可爲不祥. 使人置之馬牧. 群馬不踐. 棄於深山. 百獸皆護. 雲陰之日. 卵上恒有日光. 王取卵送母養之. 卵終乃開得一男. 生未經月. 言語竝實『東國李相國集』所引『舊三國史』「東明王本紀」.

뒤 임신을 한 여인도 있었다.[13] 유화는 몸을 비춘 하늘의 빛, 해신이 땅으로 드리운 손길로 말미암아 주몽을 가지게 된 셈이다. 부여 왕의 별궁은 이런 유화를 위해 준비된 거처다.

유화가 왼쪽 겨드랑이로 알을 낳은 건, 석가모니를 옆구리로 낳은 인도의 마야부인처럼 태어난 아기가 특별하기 때문이다. 신라 박혁거세 거서간의 왕비 알영도 계룡이 옆구리로 낳지 않았는가. 영웅은 태어나는 방법도 특이해야 한다!

주몽도 세상의 다른 모든 영웅처럼 알로 세상에 모습을 드러냈다. 해신의 아들이니 알로 났고, 새로 모습을 바꾼 용이 제 몸으로 낳은 새 생명이니, 당연히 알 속에 제 몸을 웅크린 채 세상에 나온 것이다. 이런 모습의 영웅을 누가 건드리겠는가. 오히려 제 몸으로 지키고 품어야 한다. 짐승들이 번갈아 가며 버려진 알을 지켜준 것도 이 때문이다.

영웅은 나면서부터 고난을 이겨내야 한다.[14] 영웅은 고난을 이겨나가며 능력을 키우는 존재다. 알로 나던 그 순간부터 생명의 위협을 겪는 건 아기 주몽이 새 나라를 세울 인물이었기 때문이다. 온갖 고난을 이겨낸 뒤에야 창업의 문 앞에 설 수 있다. 영웅은 고난으로 점철된 젊은 시절을 마칠 즈음에야 손에 쥔 건국의 열쇠로 새 역사의 첫 장을 연다.

삼국시대의 여러 나라 건국자들은 금빛 궤에서 모습을 드러내거나,

---

13 有戎氏의 딸 簡狄은 玄鳥의 알을 먹고 임신해 은나라의 시조 契를 낳았고, 고대 중국에서 농업신으로 숭배되었던 后稷은 제곡 고신씨의 왕비 姜原이 들에서 거인의 발자국을 밟고 임신해 낳았다고 한다(정재서, 2010, 『이야기 동양신화-중국편』, 김영사, 273~281쪽).

14 조지프 캠벨, 1999, 『천의 얼굴을 가진 영웅』, 이윤기 역, 민음사, 65~87쪽.

경주 금령총 출토 '금방울'(국립경주박물관)

알로 난 뒤 그 껍질을 깨고 나왔다. 그들이 처음 겪었던 위험과 고난이 어떤 것인지 후세에 다 전하지는 않는다. 입에서 입으로 그 이야기가 전하는 동안 일부 생략되기도 하고, 이야기로 전하던 내용이 문자로 정착하는 과정에서 기록자가 그 의미를 제대로 알지 못하고 빼버리기도 하는 까닭이다. 다행스럽게 주몽의 첫 고난 이야기는 구전 과정에도, 문자로 기록될 때도 살아남았다. 영웅 주몽의 신화적 첫걸음은 기록 생략이라는 위기도 잘 넘긴 셈이다.

7 활쏘기

아기가 어머니에게, "파리들이 눈을 빨아서 잘 수가 없으니 어머니는 나를 위하여 활과 화살을 만들어 주세요." 했다. 어미가 댓가지로 활과 화살을 만들어 주니 스스로 물레 위의 파리를 쏘는데, 쏘는 족족 맞혔다. 부여(扶餘)에서는 활 잘 쏘는 이를 주몽(朱蒙)이라고 했다.[15]

　고구려는 명궁의 나라다. 시조 왕의 이름은 제대로 알려지지 않았어도 별명인 '명궁', 곧 주몽이 모든 고구려 사람들의 머릿속에 남아 있는 것도 이 때문이다. 고구려 역사에는 유독 활 잘 쏘는 사람들 이야기가 많이 남아 전하는데, 실제 고구려에서는 '활쏘기'가 남자들의 필수적인 덕목이었기 때문이다. 고구려의 지방 교육기관인 '경당(扃堂)'에서 글쓰기와 함께 활쏘기를 가르치고 연습시켰다는 건[16], 고구려 사회에서 활쏘기가 그만큼 중요시되었기 때문이다.
　주몽이 아기 때에 이미 명궁으로서의 자질을 보일 수 있었던 것은

15　謂母曰. 群蠅嗜目. 不能睡. 母爲我作弓矢. 其母以蓽作弓矢與之. 自射紡車上蠅. 發矢卽中. 扶余謂善射曰朱蒙『東國李相國集』所引『舊三國史』「東明王本紀」.

16　人喜學, 至窮里廝家, 亦相矜勉, 衢側悉構嚴屋, 號扃堂, 子弟未婚者曹處, 誦經習射『新唐書』卷220,「列傳」145, 東夷 高麗.

무용총 수렵도의 '기마사냥 중 파르티안 샷'(중국 집안)

해신인 해모수가 아비였던 까닭이다. 해에서 나오는 빛만큼 확실한 활쏘기를 어디에서 찾아볼 수 있겠는가. 햇빛은 누구에게나 비치지만, 어떤 틈도 놓치지 않고 비출 수 있다. 가장 정확한 활쏘기의 사례인 셈이다.

아버지가 해신인 까닭에 주몽의 활쏘기는 그 누구에게도 뒤지지 않았다. 어떤 위기가 닥쳐도 주몽은 활쏘기로 상황을 극복해나갔고, 오히려 한 걸음 더 앞으로 나갔다. 부여 사람들이 쓰는 말 '주몽[명궁]'이 시간이 흐름에 따라 한 사람을 가리키는 말로 굳어간 건 고구려의 시조 왕 주몽을 따라올 명궁이 어디에도 없었기 때문이다.

부여-고구려로 이어지는 북방 나라들이 세워진 땅 대부분은 산간 계곡이라 마을 둘레는 온통 산이고, 숲이었다. 농사지을 땅이라고 해

보았자 강변의 좁은 평야가 다였다. 길고 긴 북방의 겨울을 이겨내려면 심지어 겨울철이라도 사냥 나가 얼마라도 사냥감을 거두어야 했다. 좁은 평야에서 거둔 얼마 안 되는 조나 기장, 콩으로 겨울나기는 현실적으로도 어려웠다.

숲의 아름드리나무와 풀, 바위 사이로 사냥 다니면서 쓸 수 있는 가장 현실적이고 효과적인 도구는 활이다. 빠르게 뛰어 달아나는 중소형 포유류를 잡을 수 있는 유일한 방법도 활쏘기였다. 덫이나 그물, 창으로 잡을 수 있는 동물은 손에 꼽을 정도로 적었으니, 고구려 사람들은 어려서부터 활쏘기 능력을 키울 수밖에 없었다.

고구려에서 활쏘기는 출세의 수단이기도 했다. 평양에서 봄마다 낙랑 언덕에서 치렀다는 국가적 규모의 사냥대회에서 최고의 성적을 거둔 젊은이는 바로 군관급 군인이 될 수 있었으니[17], 출세하겠다는 꿈이 있는 고구려 젊은이 가운데 낙랑 언덕 사냥대회를 외면하는 이는 없었을 것이다. 사랑스러운 평강공주의 후원을 받은 청년 온달도 그런 사람 가운데 하나였다.

---

17 高句麗常以春三月三日, 會獵樂浪之丘, 以所獲猪鹿, 祭天及山川神. 至其日, 王出獵, 羣臣及五部兵士皆從. 於是, 溫達以所養之馬隨行『三國史記』卷45,「列傳」5, 溫達.

8 대결

나이가 많아지자 재능이 다 갖추어졌다. 금와왕에게는 아들 일곱이 있었는데 늘 주몽과 함께 놀며 사냥하였다. 왕의 아들과 따르는 사람 40여 인이 겨우 사슴 한 마리를 잡는 동안, 주몽은 활을 쏘아 여러 마리의 사슴을 잡았다. 왕자가 이것을 질투하여 주몽을 붙잡아 나무에 묶고 사슴을 빼앗았다. 주몽이 나무를 뽑아버리고 갔다. 태자(太子) 대소(帶素)가 왕에게, "주몽은 신통하고 용맹한 장사입니다. 눈빛이 보통과 다르니 일찍 어떻게 하지 않으면 걱정거리가 될 것입니다." 했다.[18]

해신 해모수의 아들이지만, 부여 금와왕에게 주몽은 서자나 마찬가지다. 해신의 왕비 유화가 부여 왕궁에 있으니, 형식적으로는 부여 왕의 후궁과 다름없었기 때문이다. 아마 실제로도 유화는 부여 왕궁에서 정비가 아닌 후궁과 비슷하게 대접받았을 가능성이 크다. 정비의 소생인 일곱 왕자와 함께 놀며 자랐으니, 주몽은 내용으로도 서자인 왕자로 대우받았다고 보아야 할 것이다.

18　年至長大. 才能竝備. 金蛙有子七人. 常共朱蒙遊獵. 王子及從者四十餘 人. 唯獲一鹿. 朱蒙射鹿至多. 王子妬之. 乃執朱蒙縛樹. 奪鹿而去. 朱蒙拔樹而去. 太子帶素言於王曰. 朱蒙者. 神勇之士. 瞻視非常. 若不早圖. 必有後患『東國李相國集』所引『舊三國史』「東明王本紀」.

무용총 수렵도의 '기마사냥'(중국 집안)

문제는 서자인 주몽이 모든 면에서 부여 왕위를 이을 태자 대소를
비롯하여 일곱이나 되는 왕자들보다 빼어났던 데 있다. 문제가 될 수
밖에 없다. 자라면서 점점 더 영웅의 풍모를 드러내는 서자 주몽, 평범
한 왕자들인 금와왕의 일곱 아들. 비극적인 결말은 이미 오래전부터
준비되고 있었던 셈이다.

명궁 중의 명궁이니, 사냥을 나가면 주몽이 다른 모든 왕자를 압도
할 수밖에 없다. 한 사람은 화살 하나로 달아나는 사슴의 심장을 꿰뚫
지만, 다른 사람들은 사슴의 엉덩이도 맞추지 못하기 쉽다. 그러니 사
냥으로 수확하는 짐승의 수가 같을 수 없다.

활쏘기로 사냥하면 짐승을 그 자리에서 거꾸러뜨리지 못한다. 화살
맞고 달아나는 짐승이 피를 많이 흘리고 지쳐 엎드러지는 자리까지 뒤
쫓아 간 사냥개가 소리 질러 주인에게 알리면 말 타고 달려온 사냥꾼

이 그 짐승을 챙기는 식으로 사냥이 이루어진다.[19] 아마 부여 왕자들도 그렇게 해서 한나절 걸려 사슴 한 마리를 사냥했을 것이다.

눈에 띄는 족족 화살을 날려 그 자리에 거꾸러뜨리는 주몽을 보는 태자 대소의 마음은 어땠을까. 언젠가는 부여의 민심이 저놈 주몽에게 기울어질 게 틀림없다고 생각했을 것이다. 후환을 없애는 게 최선이라는 마음을 굳히며 다른 왕자들과 힘을 합해 주몽을 나무에 묶었으리라.

그런데 그놈 주몽이 묶인 나무를 무 뽑듯이 쉽게 뽑는 게 아닌가. 이럴 수가 있나. 항우장사라도 못할 일을 이렇게 쉽게 하다니. 그렇다고 달려들 수도 없다. 몇십 명이 달려들어도 이놈 하나 못 이길 게 뻔하니, 멍하니 쳐다볼 수밖에.

영웅은 자라면서도 고난을 겪는다. 매번 목숨의 위협을 받고, 이를 이겨내야 한다. 그런 고비를 몇 번이고 넘지 않으면, 나라 세우기와 같은 대업(大業)을 이룰 수 없다. 어딘가에서 새 나라를 세울 정도가 되려면, 몇 번이고 닥쳐오는 고난의 파고를 넘어야 한다. 주몽은 정면으로 이런 파고와 맞닥뜨리고 있다.

---

19 전호태, 2019, 『무용총 수렵도』, 풀빛, 53쪽.

9 말

왕이 주몽에게 말을 기르게 하여 그 뜻을 시험하였다. 주몽이 마음으로 한을 품고 어머니에게, "나는 천제의 손자인데 남을 위하여 말을 기르니 사는 것이 죽는 것만 못합니다. 남쪽 땅에 가서 나라를 세우려 하나 어머니가 계셔서 마음대로 못합니다." 하였다. 그 어머니가 "이것은 내가 밤낮으로 고심하던 일이다. 내가 들으니 장사가 먼 길을 가려면 반드시 준마(駿馬)가 있어야 한다. 내가 말을 고를 수 있다." 하고, 드디어 목마장으로 가서 긴 채찍으로 어지럽게 때리니 여러 말이 모두 놀라 달아나는데, 한 마리 붉은 말이 두 길이나 되는 난간을 뛰어넘었다. 주몽이 이 말이 준마임을 알고 가만히 혀 밑에 바늘을 꽂아 놓았다. 말이 혀가 아파 물과 풀을 먹지 못해 심히 야위었다. 왕이 목마장을 순시하며 여러 말이 모두 살찐 것을 보고 크게 기뻐하고, 야윈 말을 주몽에게 주었다. 주몽이 이 말을 얻고 나서 바늘을 뽑고 잘 먹였다고 한다.[20]

---

20 王使朱蒙牧馬. 欲試其意. 朱蒙內自懷恨. 謂母曰. 我是天帝之孫. 爲人牧馬. 生不如死. 欲往南土造國家. 母在不敢自專. 其母云云. 其母曰. 此吾之所以日夜腐心也. 吾聞士之涉長途者. 須憑駿足. 吾能擇馬矣. 遂往馬牧. 卽以長鞭亂捶. 群馬皆驚走. 一騂馬跳過二丈之欄. 朱蒙知馬駿逸. 潛以針捶馬舌根. 其馬舌痛. 不食水草. 甚瘦悴. 王巡行馬牧. 見群馬悉肥大喜. 仍以瘦錫朱蒙. 朱蒙得之. 拔其針加餕云『東國李相國集』所引『舊三國史』「東明王本紀」.

40

무용총 수렵도의 '기마인'(중국 집안)

활쏘기의 능력이 200% 효과를 내는 게 말타기다. 서서 쏘는 화살과 달리 말을 타고 달리면서 쏘는 화살은 이리저리 빠르게 방향을 바꾸며 달아나던 짐승도 무력하게 만든다. 고구려 사람들이 말타기에 빼어났음은 고분벽화의 사냥 장면으로도 충분히 미루어 짐작할 수 있다.

고구려 무용총 수렵도에는 여러 사람의 기마사냥 장면이 나오는데, 모두 산야를 말 달리며 달아나는 짐승에게 화살을 날린다. 그중 눈길을 끄는 건 말 타고 달리면서 몸을 틀어 뒤로 돌린 상태로 화살을 날리는 파르티안-샷이다.[21] 세 살 때부터 말을 타면서 기마술을 익힌 사람도 쉽지 않다는 가장 난도가 높은 활쏘기를 무덤 주인이 보여주고 있

---

21 파르티안-샷은 파르티아 기마전사들이 보여주는 이런 神技에 가까운 궁술에 고전을 면치 못한 로마군이 붙인 이름이다(전호태, 2019, 『무용총 수렵도』, 풀빛, 79쪽).

다. 높은 난도도 문제지만, 실제 이런 자세의 활쏘기로 달리는 짐승을 제대로 맞출 수 있는지도 관심거리일 수밖에 없다.

고구려 사람들이 타던 말은 머리가 크고 갈기가 풍성하며 다리가 짧은 몽골 말이다. 몽골 말은 근육질이고 추위에 강하지만, 빠르게 달리지는 못하는 게 특징이다. 대신 지구력이 강하여 쉽게 지치지 않는 까닭에 등에 무거운 짐을 싣고도 오래 멀리 갈 수 있다.

13세기에 몽골인들은 밤낮 없는 장거리 이동에도 견딜 수 있는 이런 말을 타고 초원지대의 서쪽 끝부터 동쪽 끝까지 정복 전쟁을 수행했다. 고려시대에 몽골인들이 일본 정벌을 염두에 두고 고려 각지에 두었던 목마장 가운데에 마지막까지 남아 있던 곳이 제주도이다.[22] 제주도에는 몽골 말의 후손인 조랑말이 지금도 지역의 명물로 알려져 있다.

고구려 사람들이 탔다는 과하마(果下馬)도 생김은 조랑말, 곧 몽골 말과 같은 것이었다.[23] 무용총 수렵도에 묘사된 말들도 모두 이 과하마로 몽골 말의 일종이다. 영웅 주몽 역시 어머니 유화가 골라낸 부여 왕궁의 몽골 말 가운데 가장 뛰어난 말을 타고 남쪽으로 내려왔다. 한 길 높이로 뛰어도 빼어난 말이라고 평가받는데, 두 길이나 되는 난간을 넘었으니, 유화가 골라낸 말은 준마 중의 준마였다. 좋은 말을 골라내고 키우는 것도 영웅이 지니고 있어야 할 자질 중의 하나이니, 주몽의 어머니 유화도 수렵과 유목을 업으로 삼던 민족의 여성으로서의 기개와 능력을 갖춘 인물이었음을 알 수 있다.

---

22 몽골 말을 기르던 목장은 전국 곳곳에 있었다. 울산의 '남목(南牧)'도 이곳이 고려시대부터 조선시대까지 목마장이었던 까닭에 남아 전하는 지명이다.

23 出三尺馬, 云本朱蒙所乘馬種 卽果下也. 『北史』卷94, 「列傳」82, 高麗.

10 물고기와 자라 다리

남쪽으로 내려가 엄체수에 이르러 건너려 해도 배는 없고 쫓는 군사는 곧 이를 것 같았다. 이에 채찍으로 하늘을 가리키며 탄식하며 말하기를, "나는 천제의 손자요 하백의 외손인데 지금 난을 피하여 여기에 이르렀습니다. 황천과 후토(后土)는 나를 불쌍히 여기시어 속히 배와 다리를 주소서." 하고, 활로 물을 쳤다. 그러자 고기와 자라가 나와 다리를 이루므로 주몽이 건넜다. 오래지 않아 쫓는 군사가 이르렀다.[24]

청하 동북에 있다는 엄체수(혹은 엄리대수). 아마도 백두산에서 흘러나오는 지금의 북류 송화강일 것이다. 이 강 앞에서 주몽 일행은 멈출 수밖에 없었다. 강은 넓고 깊은데, 배는 없고 이들을 뒤쫓는 부여 군사들은 지척에 있으니, 이제 어쩔 것인가. 부여에 남아 있으면 억울한 누명을 쓴 채 죽음을 앞에 둘 수밖에 없고, 부여를 떠났으니 나라를 버린 자가 되었다. 그러니 그저 앞으로 나아가야만 한다.

영웅이 스스로 고난의 길을 떠났으니, 길을 가는 도중 고난이 그치

---

24 南行至淹滯 欲渡無舟. 恐追兵奄及. 迺以策指天. 慨然嘆曰. 我天帝之孫. 河伯之甥. 今避難至此. 皇天后土. 憐我孤子. 速致舟橋. 言訖. 以弓打水. 魚鼈浮出成橋. 朱蒙乃得渡. 良久追兵至『東國李相國集』所引『舊三國史』「東明王本紀」.

물고기 수레(한 화상석, 중국 강소성 서주)

지 않을 수 없다. 한 발 한 발 앞으로 발을 내디딜 때마다 고난의 깊이
는 더하다. 다행스레 영웅을 따르는 무리가 얼마간 있으니, 그게 위로
라면 위로일 것이다.

강을 건너면 부여의 관할 바깥이다. 부여에서 떠난 사람들이 고만고
만한 크고 작은 나라를 세운 뒤, 외부의 간섭을 받지 않고 산다는 남쪽
땅의 북쪽 경계가 이 강이리라. 목적지로 삼은 곳이 강 건너인데, 강 이
쪽에서 무리를 이뤄 뒤쫓는 부여 군사들과 맞닥뜨리게 된 것이다. 주몽
의 무리를 몰살시키려는 태자 대소 수하의 군사들이 이제 곧 들이닥칠
텐데, 주몽과 그의 친구들은 강을 건널 마땅한 수단이 없는 것이다.

결국, 해모수의 아들이요, 하백의 외손인 주몽이 최후의 방도로 활
을 꺼내 들고 외할아버지인 강의 신 하백에게 소리 지른다. '하늘과 땅,

해와 달의 아들인 나 주몽으로 하여금 이 강을 건너게 하소서. 이 강을 건너게 하소서.' 모두루총 묵서 묘지명(墓誌銘)에 있듯이 고구려 백성들에게 주몽은 해와 달의 아들이었다. 해신 해모수와 달신 유화 사이에 난 신의 아들, 세상에 잠시 영웅으로 온 신이었다. 그런 주몽의 외침이 강의 신 하백의 귀에 들리지 않을 리 없고, 하늘의 해신에게 이르지 않을 수 없다.

청하와 잇대어 있지 않아도 엄체수도 하백이 다스리는 강과 호수 중의 하나였으리라. 이 강의 모든 고기와 자라가 몰려들어 이룬 다리는 주몽의 무리가 말을 타고 건너가기에 조금도 어려움이 없었다. 여러 마리의 말이 물고기와 자라의 다리를 지나 강 건너로 갔고 순식간에 생긴 이 다리는 눈 깜짝할 새에 사라졌다. 뒤쫓던 자들의 일부가 다리에 올랐지만, 허물어진 다리로 말미암아 모두 물고기와 자라의 밥이 되었다. 이 사건으로 말미암아 주몽이 강의 신, 물의 신, 달의 신의 아들이기도 하다는 사실이 증명되었다.

11 신모(神母)

주몽이 이별할 때 차마 떠나지 못하니 어머니가 말하기를, "너는 어미 때문에 걱정하지 마라." 하고 오곡 종자를 싸 주어 보내었다. 주몽이 살아서 이별하는 마음이 애절하여 보리 종자를 잊어버리고 왔다. 주몽이 큰 나무 밑에서 쉬는데 비둘기 한 쌍이 날아왔다. 주몽이, "아마도 신모(神母)께서 보리 종자를 보내신 것이리라." 하고, 활을 쏘아 한 화살에 모두 떨어뜨려 목구멍을 벌려 보리 종자를 얻고 나서 물을 뿜으니 비둘기가 다시 살아나 날아갔다.[25]

물의 신이요, 달의 신인 유화는 오곡(五穀)의 어머니이기도 하다. 생명을 살리는 자이니, 주몽이 제 어머니를 신모(神母)로 칭하는 것이다. 땅에 사는 모든 생명의 어머니였기에 유화는 말 중의 빼어난 말을 골라 아들 주몽에게 주었고, 새 나라를 세우려 남쪽으로 떠나는 영웅에게 곡식의 종자(種子) 주머니도 건넨 것이다.

그런 어머니를 부여 왕궁에 두고 떠나는 아들 주몽의 심정은 오죽하겠는가. 이제 남쪽으로 길을 떠나면 살아생전 어머니를 다시 보는 게

---

25 朱蒙臨別. 不忍暌違. 其母曰. 汝勿以一母爲念. 乃裹五穀種以送之. 朱蒙自切生別之心. 忘其麥子. 朱蒙息大樹之下. 有雙鳩來集. 朱蒙曰. 應是神母使送麥子. 乃引弓射之. 一矢俱擧. 開喉得麥子. 以水噴鳩. 更蘇而飛去云云 『東國李相國集』 所引 『舊三國史』 「東明王本紀」.

청보리밭(고창)

사실상 불가능하다는 사실을 잘 아는 까닭에 영웅 주몽은 차마 발걸음을 뗄 수 없었다.[26] 이별의 순간에 정신이 팔린 주몽이 가장 중요한 보리 종자를 챙기지 못한 건 어쩌면 당연했다. 그런 사실도 알지 못한 채 말에 올라 남으로 남으로 내달린 것이다.

물고기와 자라가 만들어 준 다리를 건너 마침내 엄체수 건너에 이르렀으니, 주몽 일행은 안도의 한숨을 내쉬었을 것이다. 온몸의 기운이 다 빠진 듯한 느낌으로 큰 나무 밑에 앉아 쉬는 주몽의 눈에 신모가 보낸 비둘기 한 쌍이 들어왔으니, '이 새 두 마리가 어머니가 보낸 전령이 아니면 무엇이랴.' 하며 활을 내 쏘아 떨어뜨렸다. 한 화살로 두 마리를

26　실제 유화는 부여에서 죽어 부여의 금와왕이 태후의 예로 장사 지냈다는 기록이 전한다(十四年, 秋八月, 王母柳花薨於東扶餘, 其王金蛙, 以大后禮葬之, 遂立神廟『三國史記』卷13,「高句麗本紀」1, 東明聖王).

꿰었으니, 명궁이니 가능한 일 아니었겠는가.

말을 타고 남쪽으로 내달리던 영웅이 오곡 종자 주머니를 품에 넣고 있었다는 건 반농반목, 곧 농사와 목축을 겸하던 북쪽의 부여 사람들과 달리 남쪽의 부여 사람들은 농업을 주된 생계 수단으로 삼을 것을 예견하게 한다. 비록 말 타고 활 쏘는 게 특기일지라도 주몽 일행이 사냥에 주로 기대던 삶에서 벗어날 것을 암시한다.

이미 물고기와 자라가 만든 다리로 강의 신 하백의 외손이요, 물을 다스리는 달의 신 유화의 아들임을 입증한 주몽이 이제는 화살을 쏘아 떨어뜨렸던 비둘기 두 마리를 물을 뿜어 살림으로써 생명의 주관자, 곧 산 것의 삶과 죽음을 관장하는 생명 여신의 능력을 이어받은 자임을 함께한 일행 모두에게 알게 했다. 이로써 하늘과 땅, 해와 달의 능력을 다 물려받은 영웅 주몽이 새 나라를 세워 백성들을 먹여 살릴 수 있는 자라는 게 온전히 증명된 셈이다.

주몽이 새 삶터로 지목하고 나라를 세우고자 한 청하 기슭, 곧 압록강 유역에서 오곡은 조, 기장, 수수에 대맥(大麥, 보리)와 소맥(小麥, 밀) 정도였을 것이다. 이는 쌀농사가 사실상 어려웠던 요하, 송화강, 압록강 일대에서는 농사에 쓸 수 있는 곡식 종자를 포괄한 개념이기도 하다.[27] 물론 이 오곡 가운데 가장 중요한 게 대맥이었을 가능성이 크다. 여기에 콩과 팥을 더하면 이 지역의 밭농사에 뿌릴 수 있는 곡식 종자로 다른 건 더 없었다고 해도 과언이 아니다.

---

27 오곡은 지역에 따라 달랐다. 중국 북방 밭농사 지역을 기준으로 언급한 『周禮』「天官」에는 삼, 차기장, 메기장, 보리, 콩이 오곡이다. 남방 벼농사 지역이 기준인 『楚辭』에는 벼, 메기장, 보리, 콩, 삼이 오곡이다.

이미 졸본부여를 비롯한 남쪽의 부여 사람들이 개간한 산간 계곡 좁은 평지의 밭에서 오곡 종자를 몰랐을 리는 없다. 그러나 한 해 농사의 성패는 밭에 종자를 뿌리는 것으로만 결정되는 건 아니다. 비도 제때 내리고, 햇빛도 필요한 때 제대로 비추어야 한다. 물과 빛에 더하여 종자 역시 좋아야 한다. 신통치 못한 종자로 이삭이 깊게 고개를 숙일 정도로 여문 알곡으로 자라기를 기대할 수는 없다. 그런 의미에서 신모 유화가 영웅 주몽에게 주머니에 담아 건넨 오곡의 종자, 그 가운데서도 비둘기의 목구멍에 넣어 보낸 보리 종자는 특별한 의미와 가치를 지닌 것이었다고 할 수 있다.

12   천제의 아들과 선인의 후손

비류왕 송양(松讓)이 나와 사냥하다가 왕의 용모가 비범함을 보고 이끌어 함께 앉아, "바다 한쪽에 치우쳐 있어 일찍이 군자(君子)를 만나보지 못하였는데, 오늘 우연히 만났으니 얼마나 다행한 일인가. 그대는 어떠한 사람이며 어느 곳에서 왔는가?" 하니, 왕이 "과인은 천제의 자손이요 서국(西國)의 왕이다. 감히 묻노니 군왕은 누구의 후예인가?" 하니, 송양이 "나는 선인(仙人)의 후손으로 이곳에서 여러 대에 걸쳐 왕 노릇을 하였다. 지금 지방이 지극히 작아 나누어 두 왕이 될 수 없다. 그대는 나라를 세운 지 얼마 되지 않았으니, 내 부용이 되는 게 좋을 듯하다." 하였다. 왕이 "과인은 천제의 뒤를 이었지마는 지금 왕은 신(神)의 자손도 아니면서 억지로 왕이라 칭하니, 만일 내게 귀복하지 않으면 하늘이 반드시 죽이리라." 하였다.[28]

주몽 일행이 내려와 터 잡은 곳은 졸본(현재의 중국 랴오닝성 환런) 일

---

28 沸流王松讓出獵. 見王容貌非常. 引而與坐曰. 僻在海隅. 未曾得見君子. 今日邂逅. 何其幸乎. 君是何人. 從何而至. 王曰. 寡人天帝之孫. 西國之王也. 敢問君王繼誰之後. 讓曰. 予是仙人之後. 累世爲王. 今地方至小. 不可分爲兩王. 君造國日淺. 爲我附庸可乎. 王曰. 寡人繼天之後. 今主非神之胄. 强號爲王. 若不歸我. 天必殛之『東國李相國集』所引『舊三國史』「東明王本紀」.

비류하로 불렸던 '혼강'

대다. 비류하(현재의 환인 혼하)가 흐르는 곳이어서 비류로도 불리던 땅이다. 송양은 비류국의 왕이었다. 본인이 말했듯이 선인의 자손임을 내세우며 이 가문의 사람들은 여러 대에 걸쳐 비류 일대를 지배했다.

선인의 자손이라는 사실을 내세운 가문은 송양왕의 집안만이 아니다. 고조선을 세운 웅녀의 아들 단군도 선인 왕검(王儉)으로 불렸다. 아마도 고조선이 세워진 뒤 만주와 한반도 일대에 세워진 크고 작은 나라들의 지배자는 상당수가 선인 왕검의 사례와 같이 선인의 가문임을 내세웠을 것이다. 큰 산의 신과 관련 있는 것으로 보이는 '선인'은 당시 나라를 세울 때, 지배자나 그 가문의 특별한 위상을 내세우는 방식, 곧 일반적인 문법이었던 듯하다. 단군왕검도 왕위에서 물러난 뒤에는 산신으로 모습을 바꾸었다.[29] 이는 단군의 본래 정체가 산신이었음을 짐

---

29 御國一千五百年. 周虎王卽位己卯封箕子於朝鮮, 壇君乃移於藏唐▨後還隱於阿斯達爲山神,

작하게 하는 설명이기도 하다.

그런데 졸본 일대에 새로 모습을 보인 북방 사람들, 곧 주몽 일행은 마치 다른 세상에서 온 듯이 행동한 듯하다. 일행은 자신들이 받들던 주몽이라는 인물이 천제의 자손이라고 했다. 지금까지 누구도 감히 입에 올리지 못했던 '하늘'의 왕과 자신이 관련 있다는, 그것도 하늘 왕의 자손이라는 대담한 주장이 송양왕을 포함한 비류국 사람들에게 극히 낯설게 들릴 수밖에 없었을 것이다.

게다가 주몽은 제 입으로 직접 '신의 자손이 아닌 사람은 왕이 될 수 없다'지 않는가? 지금까지는 신의 자손이라고 제 입으로 말한 사람도 없었는데, 이제는 신의 자손이 아니면 왕이 될 수 없다니? 이 땅에 신의 자손이 모습을 드러낸 적이 있던가? 사람이 신의 자손이 될 수 있는가? 송양왕은 어설프게 주몽 집단이 세운 작은 나라를 부용국으로 삼으려 하다가 보기 좋게 되치기를 당한 셈이다.

졸본 땅에서 일어난 두 집단 사이의 갈등은 선주민과 새로운 이주민의 엇갈림 정도가 아니라 오랜 관행과 새로운 이념 사이의 충돌이었다. 이는 선인의 후예가 지배하는 작은 나라들이 신의 자손임을 주장하며 미래의 큰 나라를 꿈꾸는 새롭고 강력한 세력 아래 하나로 모이는 첫걸음이 비류하 유역의 졸본 땅에서 시작되었음을 뜻한다. 주몽은 신의 자손에게 귀복(歸服)하지 않는 선인의 후예들은 하늘이 직접 그 가문을 뿌리째 들어낼 수도 있다고 강력히 경고하고 있다.

壽一千九百八歲『三國遺事』卷1,「紀異」1, 古朝鮮王儉朝鮮.

13 대홍수

서쪽으로 순행 나갔다가 사슴 한 마리를 잡았다. 해원(蟹原)에 거
꾸로 달아매고 저주하기를, "하늘이 비를 내려 비류왕의 도읍을 잠
기게 하지 않는다면 내가 너를 놓아주지 않으리니, 네가 이 어려움
에서 벗어나려거든 하늘에 호소하라." 하였다. 사슴이 슬피 우는
소리가 하늘에 사무치니 장맛비가 이레를 퍼부어 송양의 도읍이
잠기게 했다. 송양왕이 갈대 밧줄을 잡고 흐르는 물을 가로지르며
오리를 말처럼 타고 백성들도 모두 그 밧줄에 매달렸다. 주몽이 채
찍으로 물을 긋자 물이 곧 줄어들었다. 6월에 송양이 나라를 들어
항복했다고 한다.[30]

앞에서 이어진 기사에 따르면, 선인의 후손임을 자랑하던 비류국 송
양왕은 천제의 자손이라는 주몽과 활쏘기 내기에서도 패하지만, 새로
나라를 세운 사람들에게 굴복하지 않고 버틴다. 이제 어떻게 할 것인
가. 주몽은 병력을 내 전쟁에 돌입하기보다 하늘의 힘으로 자신이 천
제의 자손이라는 사실을 비류국 모든 사람에게, 심지어 자신이 세운

---

30 西狩獲白鹿. 倒懸於蟹原. 呪曰. 天若不雨而漂沒沸流王都者. 我固不汝放矣. 欲免斯難. 汝能
訴天. 其鹿哀鳴. 聲徹于天. 霖雨七日. 漂沒松讓都. 王以葦索橫流. 乘鴨馬. 百姓皆執其索. 朱蒙以
鞭畫水. 水卽減. 六月. 松讓擧國來降云云『東國李相國集』所引『舊三國史』「東明王本紀」.

하늘에 비 내리기를 호소했던 사슴을 연상시키는 현대의 사슴

나라의 백성들에게도 뼛속 깊이 새기게 하려 한다.

　예로부터 동방의 샤먼들은 신에게 호소하는 방법의 하나로 짐승의 울음소리를 썼다. 어지간한 기도 소리에는 귀도 기울이지 않는 신이라도 슬피 울며 부르짖는 소리에는 반응하기 마련이다. 샤먼들은 자신이 짐승이 울부짖는 소리를 대신 내기도 하고, 짐승으로 직접 소리를 지르게 만들기도 했다. 하늘과 물, 해와 달의 아들인 주몽도 이 방법을 썼다. 서쪽으로 순행 나가 사로잡은 사슴 한 마리를 거꾸로 매달아 놓고 하늘에 호소하라 한 것이다.

　'제발 비를 내려 비류국의 도읍을 물에 잠기게 하소서. 물에 잠기게 하소서. 그렇게 하지 않으시면 당신의 아들 주몽왕이 나를 지금처럼 거꾸로 매달아 놓고 풀어주지 않겠답니다. 제발 비를 내리시되, 송양왕이 다스리는 이곳 성읍이 물에 깊이 잠기게 하소서.' 사슴도 별수 없이 하늘을 향해 길게 울부짖으니, 이를 가엾게 여긴 천제가 하늘의 물주머니를 열어 7일 동안이나 장대비가 쏟아지게 한 것이다.

선인의 자손이라도 하늘에서 내리는 비는 어찌할 수 없다. 송양왕과 비류국 백성들은 앞이 보이지 않도록 쏟아지는 장맛비를 고스란히 맞을 수밖에 없었으리라. 무려 7일 동안 쏟아졌으니, 도읍이 온통 물에 잠겼음은 물론이다. 왕과 백성들이 갈대를 이어 만든 밧줄에 의지해 목숨을 부지했으니, 그 모습이 참으로 가엾지 않았겠는가. 이를 측은하게 여기는 마음을 어찌하지 못한 주몽왕이 채찍으로 한 차례 물을 긋자 바로 물이 빠져 목숨이 경각에 달렸던 송양왕과 비류국 도읍의 백성들이 목숨을 건질 수 있었다는 게 '비류국 대홍수' 사건의 결말이다.

하늘을 향해 울부짖는 사슴이 일으킨 비류국 대홍수 사건은 짐승과도 말이 통하고, 짐승을 통해 하늘에 뜻을 전할 뿐 아니라, 채찍질 한 번으로 대홍수를 끝낼 수 있는, 대단히 신통력이 높은 샤먼 왕 이야기다. 물론 이 샤먼 왕은 비류국 서쪽에 새로 나라를 세운 천제의 아들 주몽왕이다. 김대문의 『화랑세기(花郞世記)』에 따르면 신라의 왕을 가리키는 차차웅도 샤먼을 가리키는 용어다.[31] 남해차차웅은 신라의 샤먼 왕이었다. 그러나 남해왕이 샤먼이자 전사였음을 알리는 일화는 전하지 않는다. 이와 달리 고구려의 시조 왕 주몽은 샤먼 왕이자 전사 왕이었다.

---

31 按三國史云. 新羅稱王曰居西干, 辰言王也, 或云呼貴人之. 稱或曰次次雄或作慈充. 金大問云 "次次雄方言謂巫也. 世人以巫事鬼神尙祭祀故畏敬之, 遂稱尊長者爲慈充. 或云尼師今言謂齒理也."『三國遺事』卷1,「紀異」1, 第2 南解王.

선인의 후손임을 자랑했지만, 비류국 송양왕은 빼어난 전사인 동시에 종교적 사제로서의 능력도 출중했던 주몽왕과 맞상대가 되지 않는 인물이었다. 결국, 대홍수 사건을 겪으며 이를 절감한 송양왕이 나라를 들어 주몽에게 바친다. 청하와 비류하 일대에서 오랜 역사와 전통을 자랑하던 비류국을 별 어려움 없이 아우름으로써 주몽은 엄체수 남쪽에서 일어난 새롭고도 강력한 나라가 고구려이고, 그 나라를 세운 이가 천제의 아들이라는 사실을 내외에 주지시킨다.

14   승천(昇天)

7월에 검은 구름이 골령에 일어나니 사람들이 산을 볼 수 없었지만, 수천 명의 사람이 토목(土木) 공사를 하는 듯한 소리는 들을 수 있었다. 왕이 "하늘이 나를 위하여 성을 쌓는구나." 했다. 7일 만에 운무(雲霧)가 걷히니 성곽과 궁실 누대가 저절로 이루어진 듯 잘 보였다. 왕이 하늘에 절하고 나아가 살았다. 왕으로 있은 지 19년, 가을 9월에 왕이 하늘에 오르고 내려오지 않으니 이때 나이 40이었다. 태자가 왕이 남긴 옥 채찍을 대신 용산(龍山)에 장사 지냈다고 한다.[32]

영웅의 생은 굵고 짧다. 주몽왕은 왕위에 오른 지 19년 만에 하늘로 올라갔다. 세상에 사람의 모습으로 온 지 40년 만이다. 삶의 전반에는 고난받는 영웅의 길을 걸었고, 후반에는 새롭고도 강력한 나라를 꿈꾸는 고구려의 왕으로 백성을 이끌며 돌보았다.

7일간 구름과 안개로 덮인 채, 성곽과 궁실이 만들어졌던 골령의 흘승골성(현재의 환런 오녀산성)은 오늘날에도 깎아지른 듯한 절벽 둘러싸인 모습이 눈길을 끄는데, 겉보기에도 난공불락이었을 것이라는 느낌

---

32   七月. 玄雲起鶻嶺. 人不見其山. 唯聞數千人聲以起土功. 王曰. 天爲我築城. 七日. 雲霧自散. 城郭宮臺自然成. 王拜皇天就居. 在位十九年 秋九月. 王升天不下. 時年四十. 太子以所遺玉鞭. 葬於龍山云云『東國李相國集』所引『舊三國史』「東明王本紀」.

구름과 안개 속에서 지어졌다는 '흘승골성'(현 중국 환인 '오녀산성')

을 준다. 천제(天梯)로 불리는 절벽 사이의 좁고 가파른 암벽 계단으로 올라야 하는 이 산성은 지키기로 마음먹으면 한 사람으로 백 사람을 당해낼 수 있을 정도다. 아마도 성에 사람이 살고, 성을 군사들이 지키고 있는 동안 고구려 백성들 사이에는 이레 동안 구름과 안개에 덮인 채, 하늘 사람들에 의해 궁실이 지어졌다는 소문이 돌았을 것이다.

주몽왕은 살아서 하늘에 올랐다고 한다. 광개토왕릉비에도 왕이 하늘에서 내려보낸 용의 머리를 딛고 올라갔다고 한다. 아마 이 까닭에 왕이 하늘로 올라간 그곳을 용산(龍山)이라 부르게 되었을 것이다. 용이 하늘로 오른 곳, 용산은 왕을 장사 지낸 곳이자, 하늘에서 내려온 용이 왕을 모시고 올라간 높은 언덕을 가리킨다. 비록 높지는 않아도 용이 오르내린 곳이니 그 자리는 성스러울 수밖에 없다. 만주와 한반도, 중국 여러 곳에 용산이라는 지명이 남아 있다. 이런 장소는 예외 없이 왕과 관련된 신화 전설이 전하는 곳이다.

고조선의 단군왕검은 때가 되자 산으로 들어가 산신이 되었다.[33] 고구려의 주몽왕은 하늘로 올라갔으니, 하늘의 신이 되었을 것이다. 어떤 일을 하는 신이 되었을까. 아비가 천제의 아들이요, 해신이니 주몽왕도 해신이 되지 않았겠는가.

고구려 후기의 고분벽화에 모습을 보이는 사람 얼굴과 용의 몸이 더해진 해신이 아마도 고구려 백성들이 믿고 받들던 주몽신의 모습일 것이다. 함께 있는 달의 신이 유화일 테니, 혹 해신은 해모수가 아닌가 생각하는 이도 있겠지만, 고구려 사람들이 사당에 모신 두 신이 주몽신과 유화신이었다는 기사를 고려하면, 벽화로 그려진 해신은 주몽신, 달신은 유화신으로 보는 게 옳을 듯하다. 고구려 백성들은 해신과 달신, 주몽신과 유화신이 지켜주는 나라에 사는 셈이었다.

7세기 후반, 신라와 당나라의 연합군에 의해 나라가 멸망 당하는 그 순간에도 고구려 사람들은 해신과 달신이 세우고 지켜주는 나라에 산다는 자부심을 잃지 않았다.[34] 아마 고구려를 떠나 신라와 일본, 몽골과 중국 땅으로 삶터를 옮겨 살 수밖에 없게 되었을 때도 고구려 사람들의 가슴에는 주몽신과 유화신에 대한 믿음이 살아 있었을 것이다.

---

33 又移都於白岳山阿斯達, 又名弓忽山又今旀達. 御國一千五百年. 周虎王卽位己卯封箕子於朝鮮, 壇君乃移於藏唐▨後還隱於阿斯達爲山神, 壽一千九百八歲 『三國遺事』卷1,「紀異」1, 古朝鮮 王儉朝鮮.

34 645년 5월, 당 태종이 직접 이끄는 30만 대군이 고구려로 쳐들어와 요동성을 함락시키려 할 즈음 성안 사람들이 찾아가 구해 달라고 빌었던 곳이 朱蒙祠이다(城有朱蒙祠, 祠有鎖甲銛矛, 妄言前燕世天所降. 方圍急, 餙美女以婦神, 巫言, "朱蒙悅, 城必完." 『三國史記』卷21,「高句麗本紀」9, 寶藏王 4年 5월). 668년 9월 당나라와 신라 연합군의 공격으로 평양성이 함락될 위기에 처했을 때도 고구려 사람들은 성내 주몽사를 찾았을 것이다.

사랑

그는
사랑이라고 말했다
난 그저
빙긋이 미소지었다
그가
이별이라고 했다
난 가만히
입 모양만 보았다

사랑이
이별이
지나갔다
남은 건
쏟아져 내리는 별이다
별에서 나온
억겁 전의
추억이다

자각

길 곁
아름드리 나무 아래서
물 뿜어
생명 넣었다
목 꿰었던 비둘기 살려
어머니께 보냈다

사슴 한 마리
거꾸로 다니
하늘 사무치게 울어젖힌다
문 열리고 내린 비
홍수가 되었다

언제부터던가
신내림 받은 자 아니라
신이
되었다
내가
세상에 온 신인 걸
비로소
알았다

임금 자리 내놓다

해괴한 일이었다
한 무리 이주민
불쌍히 여기며 땅 귀퉁이
한 쪽 주었더니
이제 주인 자리 내놓으란다

기가 찰 일이었다
내가 선인의 자손이랬더니
저는 하늘의 아들이란다
우린 수백 년 여기 살았는데
저는 나라 주인은 하늘이 정한단다

눈물 머금고 물러났다
나는 그린 사슴 화살 날려 겨우 맞추었는데
저는 옥가락지 깨뜨렸다
하늘에서 비 내리게 하고
채찍으로 홍수 그치게 하니
대적할 수 없는 자라
조상에게 아뢰고
임금 자리 물려주었다

승천

용이 내려와
머리 드리우기에
조용히 딛고
하늘로 올라갔다

용거를 부르지도 않았고
기린 보내달라며
하늘 쳐다보지 않았다
내 뜻 아는 아버지
말없이 고개만 끄덕였다

용이 오른 그곳
세상에선 용산이라 했다
용의 기운 받는다며
쌓고 쌓은 돌더미로
내 자취는 다 덮였단다

2장

신이 연 세상

큰 동굴에 누가 있는가? 동굴은 여성의 자궁을 은유한다. 아기집이다.
생명의 씨앗이 싹터 새로운 삶의 주체로 자라는 곳이다.
그러니 동굴은 생명을 낳는 신의 자궁인 셈이다. 모든 생명이 여기서 나온다.

1 수신(襚神)

귀신(鬼神)·사직(社稷)·영성(零星)에 제사 지내기를 좋아하며, 10월에 하늘에 제사 지내는 큰 모임이 있으니 그 이름을 '동맹(東盟)'이라 한다. 그 나라의 동쪽에 큰 굴이 있는데 그것을 수신(襚神)이라 부르며, 또한 10월에 맞이하여 제사 지낸다.[1]

큰 동굴에 누가 있는가? 동굴은 여성의 자궁을 은유한다. 아기집이다. 생명의 씨앗이 싹터 새로운 삶의 주체로 자라는 곳이다. 그러니 동굴은 생명을 낳는 신의 자궁인 셈이다. 모든 생명이 여기서 나온다.

구석기시대의 인류도 동굴을 삶터로 삼아 하루의 일과를 마치면 동굴 입구에서 멀지 않은 곳에 잠자리를 마련했다. 동굴 깊숙한 곳엔 신성한 기운이 돌므로 특별한 날이 아니면 그곳까지 들어가지 않았다. 동굴 깊은 곳은 환경적으로도 춥고 서늘하여 곰과 같이 털이 수북한 짐승이 아니면 들어가 지내기 어려웠다.

고조선 단군왕검 어머니 웅녀는 본래 곰이었으므로 동굴에서 지냈다. 하늘의 왕 환인에게 사람이 되게 해달라고 빌 때, 호랑이와 함께 동

---

1 其俗淫, 皆絜淨自憙, 暮夜輒男女羣聚爲倡樂. 好祠鬼神 社稷 零星, 以十月祭天大會, 名曰「東盟. 其國東有大穴, 號襚神亦以十月迎而祭之. 『後漢書』 卷85, 「東夷列傳」 75, 高句麗.

통천굴(중국 집안)

굴에서 얼마간 지내라는 말을 들었을 때, 호랑이와 달리 곰은 곤란하다는 표정을 짓지 않았다. 겨울이면 몇 달 동안이나 동굴에서 자는 곰에게 잠깐의 동굴 생활이 무슨 불만이겠는가. 곰은 동굴에서 지낸 지 오래지 않아 웅녀가 되었다. 평소 잡식 생활을 하는 곰으로서는 쑥과 마늘(혹은 달래)만 먹어도 속이 비었다는 느낌을 받지 않았다. 편안히 때가 되기를 기다렸더니, 어느 순간 사람의 몸이 된 자신을 볼 수 있었다.

해신 해모수의 왕비로 선택받았던 수신(水神) 유화는 신랑과 함께 하늘로 오르지 못하고 웅심연으로 귀양 갔다. 웅심연은 웅심산 아래 있는 큰 못이다. 『삼국사기』에는 이 못이 태백산 남쪽의 우발수로 나온다.[2]

---

2 時有一男子, 自言天帝子解慕漱, 誘我於熊心山下, 鴨淥邊室中私之, 卽往不返. 父母責我無媒而從人, 遂謫居優渤水『三國史記』卷13,「高句麗本紀」1, 東明聖王 元年.

백두산 천지

태백산은 묘향산의 옛 이름이라고 한다. 하지만 유화는 청하로 불리던 압록강 하백의 맏딸이라고 하니, 우발수가 흘러내리는 태백산은 지금의 백두산일 가능성이 크다.

아마도 우발수라는 강은 백두산 천지에서 흘러나오는 청하의 지류로 하백이 지배하는 강줄기의 하나였을 것이다. 이럴 경우, 웅심산 또한 백두산을 필두로 하는 장백산맥이라는 긴 산줄기를 따라 솟은 산의 하나로 볼 수밖에 없다.

웅녀가 단군을 낳았듯이 유화는 주몽을 낳았다. 유화는 해신인 해모수의 아내였지만, 귀양 간 우발수에서 만난 금와왕 일행을 따라 부여로 왔고, 왕궁에서 생활했다. 금와왕이 유화를 방에 가두었다는 기사로 보아 한동안 유화는 부여 왕궁 안에서도 바깥출입을 하지 못했던 듯하다. 이런 점에서 웅녀의 동굴이나 유화의 방은 세상과 단절된 폐

쇄된 곳이었고, 성스러운 공간이었다.[3]

동굴은 생명을 잉태하는 곳이다. 고구려 사람들이 받들던 동굴의 신도 생명의 신이었을 것이다. 그러나 이 신이 고구려 사람들이 주몽 사당에 주몽신과 함께 모시던 유화신인지는 알 수 없다. 한 해 한 차례 국동대혈(國東大穴)에서 모셔오는 신과 고구려의 크고 작은 성, 도시와 고을마다 설치된 사당에 모시던 신이 같은 신일 가능성은 그리 크지 않기 때문이다. 그럼 이 수신(禭神)의 정체는 무엇일까?

『일본서기』에 등장하는 최고의 신 아마테라스 오미카미는 해신으로 알려졌다. 아마테라스가 동생인 스사노 미코토의 행패를 참지 못하고 동굴 안에 들어가자 세상은 빛을 잃고 어둠에 잠긴다. 이 신이 동굴에서 나오게 하려고 신들이 모여 회의를 거듭한다. 결국, 신 우즈메가 동굴 입구에서 춤을 추며 옷을 찢는 기행을 보이는데, 모든 신이 이 모습을 보며 배꼽을 잡고 웃는다. 이런 떠들썩한 소리가 웬일인가 하며 아마테라스가 동굴 밖으로 고개를 내밀자 신 아메노가 동굴 문을 막아 다시 들어가지 못하게 했다. 이런 우여곡절 끝에 세상은 다시 빛을 얻었다고 한다.[4]

신화대로면 아마테라스는 해신이지만, 그 속성에는 해와 달이 만들 어내는 세상의 질서, 생명의 순환이라는 기능이 하나로 모여 있다.[5] 동

---

3 전호태, 2005, 「웅녀의 동굴, 유화의 방-신화 속 두 세계의 접점」 『인문논총』 24, 울산대학교, 167~ 178쪽.

4 是後 素殘嗚尊之爲行也 甚無狀-(中略)-是時 天照大神驚動 以俊傷身 由此 發溫 乃入于天石 窟 閉磐戶 而幽居焉 故六合之內常闇 而不知晝夜之相代 于時 八十萬神 會於天安河邊 計其可禱 之方-(下略) 『日本書紀』 卷1, 「神代上」.

5 아마테라스는 남신으로도, 여신으로도 전해진다. 이로 보아, 애초에는 이 신이 兩性具有의 原神的 인 존재였을 수 있다(전호태, 1992, 「고구려 고분벽화의 해와 달」 『미술자료』 50, 49쪽).

'서왕모' 화상전(중국 사천 성도 청백향1호한묘 출토)

굴은 생명의 고향이기 때문이다. 동굴 안에 들어간 해신이 동굴 밖으로 다시 나오지 않는다면, 세상은 어둠 속에 있고 생명은 순환하지 못한다. 삶과 죽음, 재생이라는 우주의 기본 질서가 작동하지 않는 것이다.

동굴 안의 어떤 신은 해신이고, 또 다른 신은 달신이자 곡식의 신이다. 왜일까? 왜 신화마다 동굴 속 신의 모습, 정체, 기능이 다를까? 아마도 분화되기 이전 동굴 속 신은 이런 속성을 모두 지녔기 때문일 것이다. 이는 중국의 신화에서 서왕모로 불리던 여신의 본래 모습이 음과 양을 모두 아우르는 존재였던 것과 같다.[6]

중국의 신화 전설에서 서왕모는 서쪽 끝 곤륜산 위 불사(不死)의 선계(仙界)를 다스리는 존재다. 그런 서왕모의 원래 모습은 산발(散髮)에

---

6   전호태, 2007, 『중국 화상석과 고분벽화 연구』, 솔, 65쪽.

호랑이와 표범을 뒤섞은 형상이다.[7] 이런 모습의 서왕모는 그리스신화의 오이라이처럼 생명의 실을 끊을 수도 있는 생명과 죽음의 주관자인 것이다.

한대(漢代) 화상석과 화상전에서 서왕모는 용과 호랑이가 좌우에서 지키고, 용과 뱀이 몸을 뒤얽어 만든 자리에 앉아 음과 양을 나타내는 여러 짐승의 하례를 받는 신 중의 신으로 묘사된다.[8] 자신이 음양 분리 이전, 모든 것을 아우르는 원신(原神)이었음을 주변의 존재들을 통해 확인하게 한다.

해와 달을 나타내는 구미호(九尾狐)니 세발까마귀, 옥토끼와 두꺼비가 서왕모 앞에서 지시를 기다리거나, 춤을 추며 주인을 즐겁게 하려고 한다. 이런 서왕모가 사는 곳이기에 곤륜산은 이를 수 없는 멀고도 험한 곳이고, 아래는 좁고 위는 넓으며 둘레에는 깃털도 빠뜨린다는 약수(弱水)가 흐르는 세상 끝에 있다.[9]

신화적 기원을 거슬러 올라가면 서왕모와 동왕공, 견우와 직녀는 원서왕모에서 분화한 음과 양의 신이다.[10] 원신을 시작으로 새로운 신들의 시대가 열리면 남신과 여신, 양의 신과 음의 신들이 모습을 드러내

---

7 又西三百五十里 曰玉山 是西王母所居也 西王母其狀如人 豹尾 虎齒 而善嘯 蓬髮戴勝 是司天之厲及五殘 『山海經』 「西山經」.

8 전호태, 2007, 『중국 화상석과 고분벽화 연구』, 솔, 76쪽.

9 西海之南 流沙之濱 赤水之後 弱水之前 有大山 名曰崑崙之丘 有神-人面虎身 有文有尾 皆白-處之 其下有弱水之淵環之 其外有炎火之山 投物輒然 有人 戴勝 虎齒 有豹尾 穴處 名曰西王母 此山萬物盡有 『山海經』 「大荒西經」 ; 崑崙. 弱水. 非乘龍不至 有三足神鳥 爲王母取食也 『史記』 「列傳」 大宛傳 索隱引 『括地圖』 ; 崑崙 … 山高平地三萬六千里 上有三角 方廣萬里 形似偃盆 下狹上廣 故名曰崑崙山 『十洲記』.

10 전호태, 2007, 『중국 화상석과 고분벽화 연구』, 솔, 103~105쪽.

고, 다시 문명세계의 각종 기능을 담당하는 기능신들이 출현하는 과정이 동서의 모든 신화에 보인다.

이런 점을 고려하면 한 해 한 번, 고구려 사람들이 국동대혈에서 모셔오는 수신의 정체는 음양 분리 이전의 신일 수 있다. 해와 달의 신이 출현하기 이전 해와 달의 기운을 모두 안고 있는 신일 수 있다. 물론 시대가 내려오면 처음 뜻과 의미는 잊히고, 수신이 곡물의 신인 유화신으로 인식될 수도 있고, 곡물의 신 이미지의 바탕을 이루는 강의 신, 물의 신, 생명의 신으로 알려질 수도 있다. 일본 신화에 모습을 보이는 아마테라스가 해신으로 알려졌듯이 신에게 부여되는 의미는 시대에 따라 달라질 수도 있는 것이다.

2 해신과 달신

해신과 달신은 해와 달에 대한 신앙에서 비롯된 존재지만, 음양오행설의 음양 관념과도 관련이 있다. 해신과 달신은 음양의 원리를 한 몸에 지닌 원신(原神), 혹은 대모신(大母神)이 음신과 양신으로 분화하며 출현한 신으로 해석될 수도 있기 때문이다.

동아시아 신화 전설에서 해신과 달신은 상체는 사람이고 하체는 용인 존재로 형상화되는 게 일반적이다. 중국의 한 화상석에 묘사된 해신과 달신이 그러한 예로 당대(唐代)의 미술에도 해신, 달신이 표현되는 방식은 이와 크게 다르지 않다. 고구려 후기 고분벽화에도 해신과 달신은 상체는 사람이고, 하체는 용인 모습으로 그려진다.[11]

구전 설화로 전해 내려오다 동화로 정착한 '해와 달이 된 오누이'는 호랑이에게 쫓기다가 동아줄을 타고 하늘로 올라간 오누이 가운데 오빠가 해신, 여동생이 달신이 되었지만, 동생의 부탁으로 여동생이 해신, 오빠가 달신이 되었다는 줄거리로 되어 있다.

그러나 해신, 달신에 대한 오랜 신화 전설은 처음에는 여신이 해신이고, 남신이 달신이었지만, 시간이 흐르면서 사회가 남성 중심으로 돌아가게 되자 남신이 해신이 되고, 여신이 달신이 되는 신위(神位)의

---

11 전호태, 1992, 「고구려 고분벽화의 해와 달」『미술자료』 50, 1~63쪽.

'복희·여와' 화상석 탁본(중국 산동 가상 무량사)

자리바꿈을 전한다. 해신과 달신의 이야기가 아니더라도 신석기시대 이래 신화에서 신위의 전환은 자주 일어나는데, 전체적인 흐름은 남신 지위의 상승과 여신 위상의 하락이다. 동아시아의 신화에서도 하늘 세계를 주관하는 남신들과 땅의 세계에 흩어져 존재하는 여신들이 대비를 이루는 경향이 있다.

해신과 달신을 오누이로 상정하고 이야기를 펼쳐나가는 사례는 동아시아의 신화와 전설에서 쉽게 찾아볼 수 있다. 중국 신화 전설의 복희(伏羲)와 여와(女媧)도 창조신이자 해와 달의 신으로 두 신은 오누이 사이이다. 신화 계보로 보면 남신인 복희는 원신이자 여신인 여와에서 분화되어 나온 신이다.[12] 음과 양을 대표하는 여와와 복희는 음과 양의 기운이 모여 이루어진 달과 해의 신이기도 하다.

중국의 신화 전설에 따르면 동방의 신 제준(帝俊)의 아내 희화(羲和)는 10개의 해를 낳았고, 또 다른 아내 상희(常羲)는 12개의 달을 낳았다

---

12 전호태, 2007, 『중국 화상석과 고분벽화 연구』, 솔, 222~223쪽.

고 한다.[13] 이는 10간(干) 12지(支)를 의미하기도 하고, 1년 12달을 상징하기도 한다. 명궁 예(羿)의 화살에 맞아 9개의 해가 떨어지고 1개의 해만 남은 이야기는 10개의 해, 12개의 달을 상정하여 제사를 지냈던 상나라 때의 관념과 관습이 뒤를 이은 주나라에 의해 부정되는 과정을 신화적으로 설명한 것으로 이해될 수도 있을 것이다.[14]

여와가 분화된 오누이 창조신 복희와 여와가 각각 해신과 달신으로 자리 잡는 과정은 대모신인 서왕모가 서왕모와 동왕공으로 분화되는 과정과 비슷하다.[15] 분화된 창조신 서왕모와 동왕공은 후에 직녀와 견우라는 여신과 남신, 은하 동쪽과 서쪽의 별자리 신, 안타까운 사랑과 이별의 두 주인공 이야기로 바뀌어 백성들의 입에 오르내린다. 이는 신화가 세간의 이야기로 자리 잡는 일련의 과정을 잘 보여주는 사례다.

고분벽화로 보아 음양설의 영향으로 동아시아 신화의 원신, 혹은 대모신이 해신과 달신으로 분화된 이후의 이야기는 동아시아의 각 지역, 혹은 소(小) 문화권마다 다른 방식과 내용으로 펼쳐져 나갔던 듯하다. 고구려를 포함한 동방세계, 특히 고구려의 기원이 된 부여족 세계에서는 동명왕 신화가 큰 줄거리를 이루며 널리 퍼졌음이 확실하다.[16]

잘 알려진 것처럼 동명왕 신화의 큰 줄거리는 천제의 아들인 해모수가 하늘에서 내려와 하백의 딸인 유화와 인연을 맺었고, 유화는 동명

---

13 정재서, 2010, 『이야기 동양신화-중국편』, 김영사, 145~147쪽.

14 사라 알란, 2002, 『거북의 비밀, 중국인의 우주와 신화』, 오만종 역, 예문서원, 71~75쪽.

15 전호태, 2007, 『중국 화상석과 고분벽화 연구』, 솔, 103~105쪽.

16 홍기문의 『조선신화 연구』는 동명왕 신화의 전승 과정을 일목요연하게 정리한 의미 있는 연구 성과이다(홍기문, 1989, 『조선신화연구-조선사료고증』, 지양사).

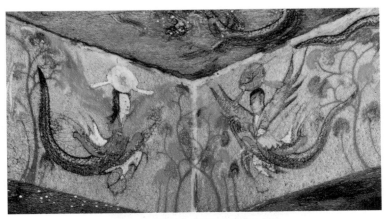

오회분4호묘 벽화의 '해신과 달신'(중국 집안)

왕을 낳아 새 나라의 시조 모가 되었다는 것이다. 고구려의 광개토왕
릉 비문에 따르면 동명왕이 될 주몽은 해신인 해모수의 아들답게 활을
잘 쏘았고, 하백의 딸인 어머니 유화의 기운을 이어받아 물을 뿜어 죽
은 비둘기도 살릴 수 있었다. 모두루총 묘지명에 주몽이 해와 달의 아
들로 불릴 수 있었던 것도 이 때문이다.

　살아서 하늘로 올라간 주몽, 본래 물의 신인 주몽의 어머니 유화는
후대의 고구려 사람들에 의해 사당에 모셔진 뒤, 각각 해신과 달신으
로 믿어지고 제사되었다. 고구려 후기 고분벽화의 해신과 달신은 중국
에서 신앙되던 복희와 여와가 주몽신과 유화신과 다름 없는 존재라는
걸 잘 보여준다. 이런 까닭인지 벽화의 해신과 달신은 고구려 화가 특
유의 힘 있는 필치로 생생하게 살아 있는 듯한 존재로 묘사되었다.[17]

17　전호태, 1992, 「고구려 고분벽화의 해와 달」 『미술자료』 50, 1~63쪽.

복희와 여와(당, 국립중앙박물관)

　신으로 믿어졌다고 해도 관행적 묘사로 일관된 당대(唐代) 비단 그림 속의 복희, 여와는 신으로서 풍기는 이미지가 완전히 다르다. 이미 더는 하이브리드 신을 믿지 않던 사회가 남긴 그림과 여전히 이런 모습이라도 조상신으로 섬기고 믿던 사회가 남긴 신상은 차이를 보이기 마련이다. 오회분4호묘와 오회분5호묘 벽화의 해신과 달신은 고구려 사람들에게는 신화적 사유를 넘어선 역사적 현실이었다고 할 수 있다.

3 불의 신

    고구려의 오회분4호묘와 오회분5호묘 벽화에는 불의 신이 그려졌다. 춤추듯 앞으로 나아가면서 고개를 돌려 손에 든 불 막대를 보고 있는 인물. 곁에 곡식 이삭을 손에 들고 앞으로 나아가는 소 머리의 농업신 신농(神農)이 그려진 것으로 보아 이 인물은 불의 신으로 묘사된 게 확실하다.

    불은 인류사를 변화시킨 현상이다. 물질이 연소하는 현상인 불이 처음에는 사람에게도 두려움의 대상이었지만, 어느 순간 이것을 사용할 수 있게 되면서 불은 인류에게 없어서는 안 될 도구가 되었다. 신화는 신의 불이 인간에게 주어지는 과정을 묘사하면서 인간이 이로 말미암아 자연계에서 새롭고 강력한 존재가 되었음을 말한다. 신에게서 불을 훔쳐 인간에게 전한 벌로 그리스신화의 거인 신 프로메테우스는 매일 독수리에게 간이 쪼이는 고통을 영원히 받게 된다.[18]

    불을 사용하기 이전의 인간과 불을 사용하게 된 이후의 인간 삶이 어떻게 달라졌는지는 인간이 불로 무엇을 만들어냈는지를 보면 알 수 있다. 불을 사용하면서 인간은 맹수의 야간 사냥 대상에서 벗어났을

18 　원래의 신화대로면 프로메테우스가 창조한 인간이 신 중의 신 제우스에게는 별다른 관심을 보이지 않고 프로메테우스를 더 열심히 섬기자 화가 난 제우스가 인간에게서 불을 빼앗아 가 사용하지 못하게 한 것을 프로메테우스가 원래대로 되돌려준 것이다.

오회분5호묘 벽화의 '불의 신'(중국 집안)

뿐 아니라, 사냥하고 채집한 것을 익혀 먹으면서 날것이 지닌 독을 제거할 수 있었고, 날것으로는 먹기 힘든 것도 소화할 수 있게 되었다. 더하여 불을 사용하여 도구도 더 쉽게 제작할 수 있었다.

인간이 불로 만든 최초의, 가장 유용한 도구는 토기다. 볕에 말리는 정도로 그쳤던 토기를 불기운에 쐬어 단단하게 만들기 시작하면서 인간은 흙이, 모래가 불에 녹아 서로 붙는다는 사실을 알았다. 돌을 녹일 수 있다는 사실을 깨달은 게 금속기 제작의 계기가 되었음은 두말할 필요 없다. 불의 사용이 인간 문명의 출발점이 되었다는 사실이 여기서 잘 드러난다.

그리스신화에서 불은 프로메테우스가 신에게서 인간에게 가져다준 선물이지만, 동아시아의 신화에서 불은 신이 제조법과 사용법을 알려준 것이다. 수인씨(燧人氏)는 나무를 비벼 불씨 만들어내는 법을 알려준

통구사신총 벽화의 '불 피우는 신인'(중국 집안)

신이고, 염제 신농은 불로 곡식을 익혀 먹는 법을 알게 한 불의 신이기
도 하다.[19] 복희는 희생물을 불로 구워 신에게 바칠 수 있음을 알게 했
다. 복희의 다른 이름 포희(包犧)는 희생물을 굽는다는 뜻이고, 염제는
말 그대로 불 쓰는 법을 알게 한 신이라는 뜻이다. 수인은 '부싯돌 쓰는
사람'이라는 뜻이니 불씨 일으키는 법은 이 신을 통해 알게 되었음이 확
실하다.

고신씨(高辛氏) 밑에서 화정(火正)을 맡았던 축융(祝融)도 불을 맡는
화신(火神)이다. 『산해경』에는 이 신의 모습이 사람 얼굴의 짐승으로
묘사된다.[20] 이런 점에서 축융은 하이브리드 신의 마지막 모습에 가깝

19 정재서, 2010, 『이야기 동양신화-중국편』, 김영사, 191~195쪽,

20 南方祝融 首身人面 乘兩龍 『山海經』「海外南經」.

다고 할 수 있다. 한나라 때에는 대다수 신들이 중국의 지배층, 혹은 관료의 옷차림을 한 인물로 묘사되기 때문이다.

불의 기원이 신과 관련 있듯이 불은 종교와 연결되어 설명되는 게 일반적이다. 유대민족의 기원과 관련 있는 모세는 시나이반도의 시내산에서 떨기나무를 태우지 않으면서도 타오르는 불을 보며 신의 현존을 느낀다.

불은 그 자체로 신앙의 대상이 되기도 했다. 이란의 배화교(拜火敎)로도 불리는 조로아스터교는 신성한 불을 섬긴다고 알려진 종교이다. 선악이원론이 특징인 이 종교는 아후라마즈다라는 유일신을 섬기는데, 이 신을 섬기는 방법이 신성한 불을 잘 보존하는 일이었다.

불은 부정한 곳을 정화하는 방법으로 쓰이기도 하고, 재생의 수단으로 사용되기도 한다. 한국 민속에서 정월 대보름의 불놀이는 마을이나 집 안팎 어디에서건 남아 있을 수 있는 사악한 기운을 제거하기 위한 것이다. 신화 전설 속의 불새는 자신을 태워 재생하고, 신선은 불 속으로 걸어 들어가 선계로 오른다. 신선이 되는 방법의 하나인 불사약도 불 없이는 제조할 수 없다.

불은 잘 관리하지 않으면 주위의 모든 걸 불태우지만, 잘 관리하면 생활에 매우 유익하다. 이런 까닭에 근래까지 불씨를 잘 보존하는 건 모든 가정의 관심사였다. 불은 집안의 번성, 부의 증대와도 관련이 있다고 믿어졌으므로 민속에는 불과 관련된 터부나 주의가 많다.

한 세대 전까지 한국에서는 이사한 집을 방문할 때, 축복의 뜻을 담아 성냥을 선물하는 게 관례였다. 이사할 때에도 제일 먼저 해야 하는 일이 옛집에서 새집으로 불씨를 옮기는 일이었다. 이웃으로 이사 오는 사람들이 연탄불을 먼저 새집에 들여놓는 모습은 1980년대에도 쉽게 볼 수 있었다. 불꽃놀이로 한 해의 시작을 알리고 결혼식과 같이 중요한 행사나 마을 축제의 시작을 불꽃놀이로 모두에게 알게 하는 관습도 불에 대해 공유하는 공동의 인식이 바탕이 된 것이다.

6세기 고구려 고분벽화에 그려진 불 막대를 손에 든 인물은 고구려 사람들이 공유하던 불의 신에 대한 신앙에서 비롯된 것이다. 동아시아의 신선신앙의 한 갈래가 고구려에 있었고, 불사약 제조에서 주요시되었던 금의 단련법으로 고구려 장인이 유명하였듯이 불의 신에 대한 나름의 신화도 고구려 사람들의 입에 오르내렸음이 확실하다. 문제는 이런 신화가 문헌 기록으로는 남아 전하지 않는다는 사실이다. 언젠가 이 신화의 한쪽 끝이라도 고구려 사람들의 후손인 한국인에게 전해지기를 바랄 뿐이다.

4 소 머리의 신 신농

선사시대와 역사시대 초기 소는 동서 어디에서나 신성한 존재로 여겨졌다. 신석기시대에 소를 신성하게 여겼다는 사실은 마을 유적이나 암각화를 통해 쉽게 확인할 수 있다. 터키의 신석기시대 마을 유적 차탈회육의 주거지에는 소의 머리와 뿔을 실물 및 조각으로 장식한 사례가 여럿 보이고, 이것을 그림으로 그린 경우도 확인할 수 있다. 남유럽의 선사시대 암각화 유적에서도 소의 뿔을 여럿 잇달아 새기거나, 소 여러 마리를 묘사한 사례를 볼 수 있다.[21]

사실 소가 신성시될 조짐은 후기 구석기 동굴 유적 벽화를 통해서도 잘 드러난다. 유명한 라스코 동굴이나 알타미라 동굴 벽화의 주된 제재도 사냥 대상이기도 했던 들소다. 대단히 사실적이고 역동적인 들소 무리의 모습은 후기 구석기시대 사람의 작품인지 의심하게 할 정도다. 오늘날까지 일부 고대 문명 지역에서는 소를 신성한 존재로 여긴다.

조소 작품으로 남은 가장 이른 시기의 하이브리드-신상의 사례는 사자인간이다.[22] 3만 5천 년 전까지 거슬러 올라갈 수 있는 상아제 사자인

---

21 전호태, 2021, 『고대 한국의 풍경』, 성균관대출판부, 55쪽.

22 전호태, 2020, 『고대에서 도착한 생각들』, 창비, 24쪽.

소 머리와 뿔로 장식한 방(터키 차탈회육 신석기시대 마을)

간은 선사미술에 관심 있는 사람들 사이에서는 잘 알려진 작품이다. 소머리의 사람은 이보다 늦게 등장하지만, 가장 광범위하게 보편적으로 발견되는 경우이다. 이집트를 비롯하여 메소포타미아와 중국에 이르기까지 대부분의 고대 문명 지역에서는 소 머리의 사람이 만들어지는데, 이 소 머리의 사람은 사람들에게 신으로 숭배되는 존재였다.

선사시대부터 소가 신성시된 것은 여러모로 사람에게 유용한 존재였기 때문이다. 가축화하기 이전의 들소는 주요한 식량원 가운데 하나였고, 가축이 된 소는 목축과 짐의 운반, 농사에 쓰임새가 있었다. 사람이 목축하는 짐승 가운데 소와 말, 양은 젖과 고기, 가죽을 모두 쓸 수 있었다. 특히 소는 큰 짐승이면서도 돌보기 그리 까다롭지 않아 목축 대상으로 매우 적합했다. 게다가 유목하는 사람들이 사용하던 이동식

가옥의 운반은 소가 담당하는 경우가 많았으므로 소는 선호도가 높은 가축일 수밖에 없었다. 소는 신에게 제사 지낼 때도 가장 높이 평가받는 희생 제물이었다. 소의 어깨뼈와 발굽은 신의 뜻을 알기 위한 점복(占卜)의 주요 재료이기도 했다.[23]

농경이 본격화된 뒤 소는 쟁기를 끄는 짐승으로 우선적인 보호를 받았다. 고대 농경사회에서 소는 함부로 대해서는 안 될 존재로 인식되어 몰래 소를 잡아먹으면 처벌받았다. 소와 관련된 민담이나 전설, 일화가 사람들 사이에 돌고 속담이 여럿 만들어진 것도 소가 지닌 문화적, 산업적 가치 때문이었다.[24]

중국의 신화 전설에서 주요한 존재로 취급되는 신농은 소 머리 인간의 모습으로 알려졌다. 염제 신농은 농업신이기도 하고, 불의 신이기도 한데, 사람들에게 더 익숙한 것은 농업신으로서의 모습이다. 소 머리 신 신농은 쟁기를 끄는 소의 이미지에서 비롯되었을 것이다.

고구려 후기 국내성 지역 고분벽화에 등장하는 소 머리의 신은 손에 곡식 이삭을 든 채 어디론가 달려가는 모습이다. 화면의 다른 신들은 모두 사람의 형상이나, 이 신만 소 머리이고 손에 곡식을 들고 있는 것으로 보아 신화 전설상의 농업신 신농인 게 확실하다.

6세기로 편년되는 오회분4호묘와 오회분5호묘 벽화의 신농이 소 머리의 신으로 그려진 이유는 무엇일까. 6세기경이면 해신과 달신 외에 동아시아의 다른 신들은 대부분 사람의 형상으로 묘사된다. 해신과 달

---

23 有軍事亦祭天, 殺牛, 以蹄占其吉凶『後漢書』卷85,「東夷列傳」75, 夫餘.

24 한국의 소 관련, 민담이나 속담은 천진기, 2003,『한국동물민속론』, 민속원, 118~125쪽 참조.

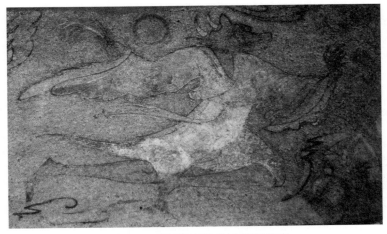

오회분5호묘 벽화의 '소 머리 신 신농'(중국 집안)

신조차도 머리와 상반신은 사람의 모습이고 하반신은 용의 형상이다. 이 시기에 짐승 머리의 신이 묘사되는 다른 사례를 찾기는 어렵다.

중국의 신화 전설을 형상화한 그림이나 조소 작품에서 짐승 머리의 신이 등장하는 마지막 시기는 한나라 때이다. 당시 중국의 변방이라고 할 수 있는 만리장성 근처의 일부 지역 화상석 무덤에는 닭 머리의 신, 소 머리의 신이 동쪽의 해, 서쪽의 달과 함께 새겨지고 채색된다.[25] 각각 소 머리와 닭 머리의 사람이 문지기처럼 그려지는 사례도 있다. 그런데 그마저도 후한 후기의 장의미술 작품에서는 이런 형상을 찾아보기 어렵다.

고대 후기에 짐승이나 곤충의 이미지를 담은 하이브리드 신의 모습

---

25 전호태, 2007, 『중국 화상석과 고분벽화 연구』, 솔, 104~107쪽.

이 사라지는 건 동서 어디에서나 같다. 신의 인간화는 고대 문명 지역에서 나타나는 일반적인 현상이다. 이집트와 메소포타미아가 그렇고 중국이 그렇다. 인도의 경우, 특이하게도 하이브리드 신의 모습이 고대 이후에도 남아 있는데, 브라만교를 개혁한 힌두교의 교리가 이런 현상을 유지하게 한 듯하다.

동아시아 문명의 중심인 중국에서 이미 사라진 하이브리드 신이 고구려에서는 6세기까지 남아 있었던 이유는 무엇일까. 문헌 기록으로는 이를 알 수 없다. 소 머리의 신 신농과 함께 등장하는 불의 신이나 수레바퀴의 신 이름이 무엇이고 어떻게 신앙되었는지 전하는 기록이 없으니, 달리 그 이유를 알 길도 없다. 확실한 것은 고구려에는 중국과 다른 신화체계가 있었고, 벽화의 신농은 그런 고구려 나름의 신화를 바탕으로 형상화되었다는 사실이다.

5 　쇠부리 신

'백 번이나 단련한 철로 칠지도(七支刀)를 만들었다. 모든 병해를
피할 수 있으니, 마땅히 후왕(侯王)에게 줄 만하다. 선세 이래 이런
칼이 없었으니 백제 왕세자가 성스러운 덕이 있어 왜왕을 위하여
일부러 만들었다. 후세에 전하여 보이라.'

　369년 백제 근초고왕이 일본 야마토국의 왕에게 선물했다는 칠지도
명문에는 '백 번 단련'이라는 말이 나온다. 쇠를 백 번이나 달구어 두드
려 만들었다는 건데, 일반적으로 쇠를 달구어 두드릴 수 있는 횟수를
극한으로 밀어붙여도 50회 정도였다. 이런 사실을 고려하면 믿기 어려
울 정도의 고도의 단련법으로 칠지도를 만들었다는 백제 장인의 자부
심이 이 명문 구절에 담겨 있다고 하겠다.[26]

　삼국시대의 고구려는 뛰어난 제철제련법으로 쇠비늘 갑옷과 투구
를 만들고 온갖 철제 무기를 제작했던 나라다. 고구려는 고조선의 과
학기술을 이어받고 중국 한나라의 제철법도 참고하여 이를 고도로 발
전시킨 나라다.[27] 가벼운 철제 갑옷과 투구로 무장하고, 날카롭게 벼려

26　금자(金子) 명문이 있는 이 칠지도는 일본 나라현 덴리시 이소노카미 신궁에 보관되어 있다. 명문
해석과 의미를 둘러싼 학자들의 논쟁은 아직 현재형이다.

27　기원전 3세기 이래 압록강, 독로강 일대에서 제철제련술이 높은 수준으로 발달했음은 유적, 유물

경주 출토 신라 철정(국립중앙박물관)

낸 창과 칼을 들이대며 달려드는 고구려의 기마대가 이웃 나라에는 공
포의 대상이었다. 400년 광개토대왕이 보낸 5만의 군대가 단숨에 신라
왕경을 둘러싸고 있던 가야와 왜 연합군을 제압하고 김해까지 남하하
여 금관가야를 멸망의 지경에 몰아넣은 역사적 사건이 일어날 수 있었
던 것도 고도로 발달한 고구려 제철제련술이 바탕에 있었기 때문이다.

　재료 구하기가 힘들어 지배층 일부만 몸에 지니거나 사용할 수 있었
던 청동 제품과 달리 철기는 재료인 철을 구하는 데 큰 어려움이 없어
대량 생산과 보급을 할 수 있었다. 물론 이런 철기도 고급 제품은 아무
에게나 차례가 가지 않았다. 녹인 쇳물을 거푸집에 부어 형상을 찍어
내는 주조 제품과 달리 단야 제품은 제련로에서 생산된 괴련철, 선철
을 탈탄하여 강소재로 만든 것이다. 여러 차례의 정련 공정을 거치는
단야(鍛冶) 작업은 철괴를 반복하여 가열하고, 수십 차례 메질하여 불
순물 함유량을 낮추는 과정을 거친다. 모루 위에 쇠를 올려놓고 마치

로 확인된다(전호태, 2015,『고구려에서 만난 우리 역사』, 한림출판사, 196~197쪽).

나 큰 메로 두드리는 그림은 바로 이 단타 과정을 보여주는 것으로 이를 통해 고급 강철 소재가 탄생한다.[28]

간단치 않은 단야 작업을 고려하면 강철 제품을 만들어내는 장인이 오십 번이나 쇠를 달구어 두드려 내 칠지도와 같은 것을 만들어낼 수 있다면, 그 장인은 특급 능력을 지닌 사람이라고 할 수 있었다. 백 번 단련해 만들었음을 명기한 칠지도 명문은 백제에 백 번 달구어 두드려 내는 단야 기술 장인이 있다는 사실을 내외에 과시한 글이라고 할 수 있다.

신라 초기 박씨 왕들의 뒤를 이은 석씨(昔氏) 왕계의 첫 인물 탈해(脫解)는 길지(吉地)인 호공(瓠公)의 집 곁에 몰래 '숯과 숫돌'을 묻어두고 조상 때부터의 자기 집이라고 우겼다고 한다.[29] 호공이 그렇지 않다며 탈해와 다투었지만, 탈해가 본래 자기네가 대장장이 가문인데, 잠시 이웃 고을에 간 사이에 집을 빼앗겼다며 관리 앞에서 땅을 파 증거를 보여줌으로써 이 집을 빼앗았다고 한다. 이 집이 자리한 곳이 후에 신라 왕경의 궁궐로 쓰인 월성 땅이다.

사실 여부를 떠나 탈해가 대장장이 가문이라는 사실을 공개적으로 밝힌 건 당시 그런 가문이 지닌 위상과 관련이 깊다. 제철제련 기술을 지니고 있다는 사실만으로도 사회적 지위를 인정받고, 이웃에게 존경받을 수 있는 사회적 분위기가 형성되어 있었음을 암시하기 때문이다.

---

28 김종일 외 지음, 『한국금속문명사: 주먹도끼에서 금관까지』, 들녘, 238~241쪽.

29 望城中可居之地, 見一峯如三日月勢可久之地. 乃下尋之卽瓠公宅也. 乃設詭計潛埋礪炭於其側, 詰朝至門云 "此是吾祖代家屋." 瓠公云 "否", 爭訟不決. 乃告于官, 官曰 "以何驗是汝家." 童曰 "我本冶匠乍出隣鄕而人取居之, 請堀地檢看." 從之, 果得礪炭乃取而居 『三國遺事』 卷1, 「紀異」 1, 第四 脫解王.

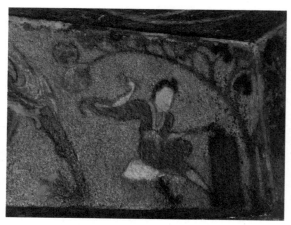
오회분4호묘의 '쇠부리 신'(중국 집안)

고구려에는 이런 일화가 전하지 않지만, 대장장이 가문의 위상은 백제, 신라와 크게 다르지 않았을 것이다.

고구려의 오회분4호묘와 오회분5호묘 널방 천장고임에는 쇠 마치로 모루 위의 철기를 열심히 두드리고 있는 신인(神人)이 묘사되어 있다. 수레바퀴를 손보는 신과 나란히 등장하는 이 인물은 쇠부리 신일 것이다. 오회분4호묘 등이 6세기 벽화고분임을 고려하면 삼국 간의 갈등과 충돌이 끊이지 않던 6세기의 고구려 사람들 사이에는 쇠부리 신을 비롯한 문명신과 관련된 이야기가 늘 오갔던 듯하다. 쇠를 다루는 대장장이의 위상 역시 후대의 고려나 조선과는 달리 그리 낮지는 않았던 듯싶다. 최고의 산업 기술을 지닌 사람을 다투어 데리고 가거나, 빼내 가려던 당시의 분위기에서 훌륭한 대장장이 가문을 잘 예우하며 지켜내는 것도 국가적인 관심사가 아니었겠는가.

6   수레바퀴의 신

고구려의 오회분4호묘와 오회분5호묘 널방 천장고임에는 쇠부리 신과 마주 보는 위치에 수레바퀴를 손보는 신이 그려졌다. 수레바퀴의 신으로 불릴 수 있는 이 인물은 수레바퀴가 지니는 문명사적 의미를 상징적으로 드러내는 존재다. 수레바퀴의 발명이 지닌 역사적 무게감이 이 신으로 하여금 역사의 전면에 모습을 드러내게 한 원인이라고 할 수 있다.

수레바퀴가 처음 만들어진 곳은 기원전 3500년경 메소포타미아다.[30] 수메르인이 만들어 사용한 살이 없는 통바퀴는 짐수레에 쓰였다. 수확한 밀을 더미로 묶어 수레에 담은 뒤 수레에 부착한 바퀴가 굴러가게 해서 옮겼다. 이는 동력의 전달 방식을 바꾸었다는 점에서 주목할 만한 변화라고 할 수 있다. 사람이 직접 끌거나 드는 대신 나무로 만든 바퀴가 굴러가고 그것에 달린 상자가 움직이게 하는 건, 이런 방식을 활용한 더 큰 변화를 끌어낼 수 있다는 점에서 동력 활용 차원에서는 획기적인 변화이다.

통바퀴로 시작되었지만, 수레바퀴는 오래지 않아 살바퀴로 바뀐다.

---

30 엘리스 로버츠, 2019, 『세상을 바꾼 길들임의 역사』, 김명주 역, 푸른숲, 414쪽 ; 전호태, 2020, 『중국인의 오브제』, 성균관대출판부, 347쪽.

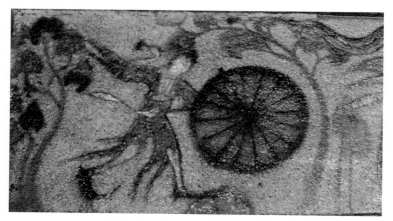

오회분4호묘의 벽화 '수레바퀴의 신'(중국 집안)

가운데 축에서 바깥쪽으로 여러 개의 살이 뻗어 나가게 한 뒤 둥근 테로 마무리한 것을 살바퀴라고 한다. 이 살바퀴는 조금 울퉁불퉁한 길로 가도 수레가 크게 요동치지 않게 하는 효과가 있다. 사람이 살바퀴 수레에 타면 이동할 때도 크게 불편한 느낌을 주지 않았다. 살바퀴 수레는 큰 짐도 안전하게 운반할 수 있게 했다.

기원전 2000년 이후, 소아시아의 히타이트 사람들은 테두리에 금속을 씌운 살바퀴를 단 수레에 전사가 타게 했다. 전투용 수레, 이른바 전차가 등장한 것이다. 두 마리, 혹은 네 마리의 말이 끄는 수레에 탄 전사들 가운데 한 사람은 말을 몰고 다른 한 사람은 무기를 들고 휘두르는 방식으로 전투를 한다. 이런 전투용 수레는 한 대로도 수십 명의 보병을 한 번에 무력하게 만들 수 있을 정도의 가공할 무기였다. 실제 전투는 전차에 탄 전사끼리 맞붙는 게 일반적이었지만, 상대의 전차대를 무력화시킨 다른 한쪽의 전차대는 남은 적의 보병들에게 공포의 대상이 될 수밖에 없다.

고대사회 초기, 전사와 일체가 된 전차는 가공할 무기나 마찬가지여서 어느 나라나 전차의 수를 늘리려 애썼다. 기원전 1274년 중근동의 패권을 둘러싸고 벌인 히타이트와 이집트의 전쟁, 무와탈리 2세와 람세스 2세 사이의 충돌은 두 나라가 동원한 대규모 전차 부대가 카데시에서 벌인 전투에서 절정을 이뤘다. 이 전투 뒤 두 나라는 평화조약을 맺었고, 두 왕은 각각 자기 나라로 돌아가 자기들이 섬기는 신들에게 상대에게 승리했다는 사실을 고하고 감사제를 올렸다.[31]

전차를 활용한 전투는 말 위에 직접 올라 달리며 활을 쏘거나 무기를 휘둘러 적을 제압하는 유목 기마부대의 전투 방식이 여러 나라에 도입되면서 막을 내렸다. 평탄한 평야를 전투 공간으로 활용하지 못할 경우, 전차가 전투에 영향을 미치는 데에는 한계가 있다는 사실이 확인되었기 때문이다. 산악지대 전투에서 전차는 무용지물에 가까웠다. 동아시아와 서아시아, 유럽 고대 국가의 왕들은 전차대 대신 유목 기마부대를 고용하거나, 기마병을 양성하여 전쟁에 나서는 일이 많아졌다.

말이 끄는 수레가 전투에서 효용을 발휘하지 못하게 되자 동아시아의 왕과 귀족들 사이에는 수레를 소가 끌게 하면서 자가용처럼 사용하는 관습이 자리 잡았다. 위진남북조시대의 중국에서는 상위 귀족들이 행차할 때에 소가 끄는 수레를 타고 나갔다. 동방의 고구려도 마찬가지여서 귀족 중에 세력이 있는 사람은 소가 끄는 수레를 타고 다녔고, 기

---

31 실제 카데시 전투는 결과보다 이후 체결된 평화조약으로 유명하다. 기원전 1258년 두 나라가 문서로 남긴 평화조약 문서는 UN 본부에 전시되어 세계 평화의 기원문으로 받아들여지고 있다.

무용총벽화의 '소 수레'(중국 집안)

마병과 무사들이 이 수레와 수레 뒤를 따르는 남녀 시종들을 호위했다. 고구려 안악3호분의 대행렬도는 4세기 중반 즈음 동아시아에서는 귀족이 소가 끄는 수레를 타고 나가는 게 일반화되었음을 잘 보여준다.[32]

　말이나 소가 끄는 수레를 타고 달리거나 다닐 때, 승차감은 수레바퀴의 살이 몇 개인지에 따라 달라진다. 살이 4개에서 8개 사이면 승차감이 그저 그렇겠지만, 16개에서 24개 사이면 아예 느낌이 달라진다. 대단히 안정감이 있고 편안한데, 이는 마치 현대인이 최고급 바퀴를 장착한 고급 승용차를 타는 것이나 비슷하다.

　고구려 오회분4호묘와 오회분5호묘에 그려진 수레바퀴의 신 앞에

32　전열과 중열만 무려 250명이 등장하는 안악3호분 회랑의 대행렬도는 4세기 동아시아에서 대귀족의 행차가 이루어질 때의 위용을 잘 보여주는 사례이다(전호태, 2016, 『고구려의 벽화고분』, 돌베개, 51~55쪽).

안악3호분 벽화의 '대행렬 속의 무덤 주인 수레'(북한 안악)

놓인 수레바퀴 살의 수는 16개다. 신이 안정감이 매우 높은 수레바퀴를 손보고 있는 셈이다. 안악3호분의 무덤 주인도 이런 수레바퀴를 장착한 수레를 타고 외출하고 있다. 이는 이 무덤의 주인이 지위가 상당히 높다는 사실을 드러낸다. 빠른 걸음에 익숙한 말이 아닌 소가 끄는 수레이니, 안악3호분 무덤 주인이 느끼는 승차감은 남달랐을 것이다.

7   숫돌의 신

고대사회에서 숫돌은 금속의 녹을 벗기고, 이기(利器)의 날을 세우는 데 쓰였다. 고대 중국에서 청동거울의 녹을 벗기는 일을 업으로 삼았던 마경인(磨境人)은 불사(不死)의 능력을 지닌 신선이 세상에 다닐 때, 정체를 감추기 위한 모습으로 이해되기도 했다.[33] 청동거울이 녹슬면 거울 본래의 가장 주요한 기능, 거울에 비친 사악한 존재의 정체를 드러내는 일을 하지 못하게 되므로[34] 거울이 조금이라도 녹슬면 빨리 거울 면을 갈아내 잘 비출 수 있게 해야 했다. 그러니 거울 갈아주는 마경인의 역할이 얼마나 중요하겠는가.

철기 사용이 일반화된 시대에도 숫돌은 중요한 도구였다. 청동거울보다 빠르게 녹슬고, 특별히 수분이 붙은 지 오래지 않아 붉게 녹슬 수도 있는 쇠로 만든 도구들, 칼이나 창, 다양한 철제 도구 가운데 날을 세워야 하는 건 숫돌의 힘을 빌리지 않으면 오래지 않아 쓸모가 없어진다. 철기 사용이 일반화되면서 숫돌은 몸에 지니고 다녀야 할 정도로 중요한 도구로 여겨졌다.

마립간시대 신라의 유적인 경주의 대형 적석목곽분, 돌무지덧널무

---

33 정재서, 1982, 「거울의 무속상 기능 및 그 문학적 수용」『중국어문학』 5, 5~22쪽.

34 김지선, 2008, 「청동거울에서 유리거울로-중국 서사 속 거울의 상상력」『중국어문학』 27, 147~154쪽.

숫돌 모양 장식이 달린 신라 금제 허리띠(국립경주박물관)

덤에서 발굴된 금제 허리띠에는 여러 가지 장식품들이 달려 있다. 그
중 하나가 작은 칼과 숫돌 형태로 다듬은 장식물이다. 목축이나 수렵
을 생업으로 삼던 사람들이 일상적으로 반드시 지니고 다녀야 할 도
구들을 허리띠에 걸어두던 관습에서 비롯된 이 금제 허리띠 장식물들,
특히 작은 칼과 숫돌은 가축을 돌보며 야외에 머물거나, 여러 날 사냥
을 나가야 했던 사람들의 삶과 밀접한 관련이 있다. 수시로 작은 칼을
사용하다 보면 저녁나절, 혹은 조금은 한가한 시간에 칼의 날을 잘 들
게 갈아두어야 하는데, 숫돌이 있어야 이 일을 할 수 있지 않은가. 작은
칼처럼 휴대용 작은 숫돌이 목동이나 사냥꾼에게는 반드시 허리띠에

달고 다녀야 할 도구였다.

신라의 왕족들도 조상 때부터의 오랜 관습에 따라 경주에서 정착 생활에 들어간 뒤에도 습관처럼 저고리와 바지 차림에 허리띠를 하고 다녔고 허리띠에는 작은 휴대용 도구들을 걸고 다녔던 듯하다. 시간이 흐르면서 작은 도구들을 걸고 맸던 허리띠에 더는 휴대용 칼이나 숫돌을 매달지 않게 되었지만, 왕족이나 귀족이 죽은 뒤 무덤에 묻힐 때는 후손들이 오랜 관습대로 휴대용 도구들을 본떠 만든 장식물들을 허리띠에 달고 죽은 이의 허리에 걸어두었음이 확실하다. 그렇지 않으면 이런 장식물 걸린 허리띠가 만들어질 이유도 없는 것이다.

옛 무덤에서 허리띠와 여기에 부착된 장식이 자주 발견되는 것으로 보아 정착 생활에 들어가고 오랜 세월이 흐른 뒤에도 고구려, 백제, 신라 사람들은 수렵이나 목축시대의 관습을 완전히 떨쳐내지는 않은 듯하다. 더욱이 국가의 체계가 잡힌 뒤에는 허리띠의 재질과 장식으로 지위와 신분을 나누어 알게 하는 새로운 관습이 만들어져 관료로 활동하는 남성에게 금속이나 가죽으로 만든 허리띠는 허리에 매고 다니는 필수적인 복장 요소가 되었다. 비록 작은 칼이나 숫돌 같은 것을 달지는 않게 되었지만, 어느새 허리띠가 신분과 지위의 상징이 된 점은 눈여겨볼 필요가 있을 듯하다.[35]

오회분4호묘와 오회분5호묘 널방 천장고임에 그려진 숫돌의 신은 고대사회에서 일상적으로도 주요하고 필수적인 도구였던 숫돌의 의미

---

35 이한상, 2011, 「허리띠 분배에 반영된 고대 동북아시아의 교류양상」 『동북아역사논총』 33, 373~378쪽.

오회분4호묘 벽화의 '숫돌의 신'(중국 집안)

와 가치를 되새기게 하는 좋은 사례이다. 또한 마경인에 대한 인식이
나 관련된 이야기에서도 미루어 짐작할 수 있듯이 숫돌로 거울을 갈아
주기도 하고, 칼의 날을 세워주기도 하는 숫돌 장인에 대한 인식의 일
단을 보여주는 사례이기도 하다. 적어도 숫돌의 신이 그려지는 6세기
까지 고구려에서 숫돌 장인은 일상적으로도 중요했고, 신선신앙 차원
에서도 의미와 무게를 지닌 사람이었다고 할 수 있다.

8 견우와 직녀

음력 7월 7일, 1년에 단 하루, 까치와 까마귀가 만든 다리 오작교 위에서 만나면 다시 한 해 동안 헤어져 있어야 한다는 견우와 직녀는 본래 동방세계의 별자리 이름이다. 서방세계의 별자리 이름으로는 각각 독수리자리와 거문고자리이다. 중국의 한대(漢代) 화상석 가운데에는 견우와 직녀의 모습 옆에 해당하는 별자리를 새겨 놓은 사례도 있다.

견우와 직녀는 인류사의 한 자락을 장식하는 이름이기도 하다. 자연스레 남자와 여자의 일을 나눌 때, 남자는 소와 말을 몰고 다니며 풀을 먹여 키우거나 이런 동물의 축력을 이용하여 농사를 지었고, 여자는 베를 짰다. 여자가 짠 베로 남녀 모두 옷을 해 입었고, 남자가 먹인 소와 말, 혹은 소와 말로 지은 농사로 얻은 젖과 곡식으로 남녀 모두 먹거리를 만들었다. 남녀는 목동과 농부, 직녀로 각각 제 일을 하며 서로를 먹이고 입혔다.

동방세계가 하늘에서 견우별과 직녀별을 찾아낸 건, 남녀 각각의 일이 성스러워 기릴 필요가 있었기 때문이다. 저들의 일을 지켜보고 음으로 양으로 뒷받침해 줄 신이 있어야 했던 까닭이다. 견우신과 직녀신은 서왕모에 이어 가장 이른 시기부터 사람들의 주의를 끌고 남녀모두에게 신앙되었던 신들이다.

고구려 고분벽화에 견우와 직녀가 같이 그려진 건 덕흥리벽화분에

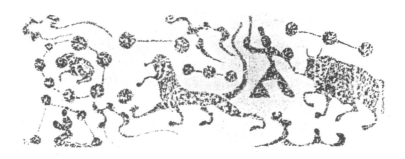

'견우성과 직녀성' 화상석 탁본(중국 하남 남양)

대안리1호분 벽화의 '직녀'(북한 남포)

한 차례, 직녀 혼자만 모습을 보이기는 대안리1호분에 한 번이다.[36] 덕흥리벽화분 앞방 천장고임, 곧 남포 강서구역 덕흥리의 하늘에 묘사된 건별의 강 은하수를 사이에 두고 내년 이맘때를 염두에 두고 아쉬운 이별

---

36 전호태, 2000, 「고구려 고분벽화의 직녀도」 『역사와현실』 38, 124~129쪽.

의 순간을 보내고 있는 견우와 직녀의 모습이다. 떠나는 견우는 은하수를 이미 건넜고, 낭군을 떠나보내는 직녀는 아쉬운 마음을 이기지 못하고 은하수 물결에 치마 끝을 적신 상태이다. 은하수와 함께 그려졌으니 벽화로 그려진 견우와 직녀는 하늘의 별자리이고, 별자리의 신이다.

신라에서는 국가적 차원에서 해마다 베 짜기 내기가 열렸다.[37] 왕경(王京) 6부의 여인이 참가하는 이 베 짜기 내기에서 진 쪽은 일어나 '또 보세. 또 보세.'라며 구슬프게 노래 불렀다고 한다. 신라 가배, 곧 한가위의 기원을 전하는 이 설화는 여인들의 베 짜기가 국가적으로도 대단히 중요한 산업으로 여겨졌음을 알게 한다.

실제 전근대사회에서 베 짜기는 소홀히 다루어져서는 안 될 주요한 생산 분야였다. 옷감이 화폐의 역할도 했음을 고려하면 베 짜기, 곧 직물산업은 국가의 생산력을 평가하는 몇 항목 중에도 우선순위에 올라 있었다. 그런 점에서 왕경 6부의 여인들이 두 패로 나뉘어 진행한 가배는 신라의 모든 여인에게 베 짜기를 독려하려는 의도를 담은 행사였다고 해도 과언이 아니다.

고대 일본에서는 큰 강 지류의 신에게 여인을 제물로 바치면서 하신에 시집보낸다고 했는데, 이를 위해 마을에서 뽑힌 처녀는 한동안 임시로 지은 건물에서 지내며 신에게 바칠 새 옷을 지었다. 베 짜기를 한 것이다. 일본의 신사 가운데에는 신과의 혼인을 상정하고 정기적으로

---

37 王旣定六部, 中分爲二, 使王女二人, 各率部內女子, 分朋造黨, 自秋七月旣望, 每日早集大部之, 績麻乙夜而罷. 至八月十五日, 考其功之多小, 負者置酒食, 以謝勝者. 於是, 歌舞百戱皆作, 謂之嘉俳. 是時, 負家一女子, 起舞嘆曰, "會蘇會蘇." 其音哀雅, 後人因其聲而作歌, 名會蘇曲『三國史記』卷1,「新羅本紀」1, 儒理尼師今 9年.

덕흥리벽화분 벽화의 '견우와 직녀'(북한 남포)

폐백을 하는 곳도 있었는데, 이 폐백을 위해 옷감을 짜는 여인을 신의
(神衣)를 짜는 사람이라 하여 성스럽게 여겼다.

　고대 일본의 최고신인 아마테라스 오미카미는 자신이 신전에 제사
지내는 데 쓰는 신의를 짜는 존재였다.[38] 『삼국유사』에 실린 일본의 왕
비가 된 세오녀(細烏女)가 자신이 짠 세초(細綃)를 신라의 사신에게 주
며 이것으로 하늘에 제사를 지내면 해와 달이 빛을 되찾으리라고 했다
는 설화는 제사용 옷감을 짜는 여인이 지닌 신비스러운 능력을 확인시
켜 준다.[39] 이 신의를 짜는 이로 신앙되어 하늘의 별자리가 된 여인이

38　전호태, 2000, 「고구려 고분벽화의 직녀도」 『역사와현실』 38, 138쪽.

39　是時新羅日月無光. 日者奏云 "日月之精降在我國, 今去日本故致斯怪." 王遣使來二人, 延烏
曰 "我到此國天使然也. 今何歸乎. 雖然朕之妃有所織細綃, 以此祭天可矣." 仍賜其絹. 使人來奏,

직녀 아닌가.

직녀의 짝 견우는 본래 희생용 소를 가리킨다. 고대사회에서 제사에 쓰이는 희생물은 종교적 숭배의 대상이기도 했다. 중국의 상대(商代)에 점복을 위한 재료로 쓰인 우골(牛骨)은 상나라 사람들에게 소가 신성시되었음을 암시한다. 사실 소는 고대 중국뿐 아니라 메소포타미아와 이집트, 그리스에서도 숭배의 대상이었고 신석기시대의 아나톨리아와 유럽에서도 성스럽게 여겨졌다.

희생용 소인 견우가 인격적인 존재가 된 것은 목축이 직업이 되고, 농사가 주요한 생산 활동이 되면서다. 희생용 소는 자연스럽게 농경의 필수적 존재가 되고, 목축에서는 가장 가치 있는 짐승이 되었다. 희생용 소는 이제 소를 부리는 사람이 되어 직녀와 짝을 이루었고, 하늘의 별자리가 되어 신으로 격상되었다. 이른바 견우신이다.

벽화로 그려진 남포 덕흥리 하늘의 견우와 직녀는 가장 구체적으로 형상된 견우직녀설화의 주인공이다. 중국 한나라 화상석에 묘사된 견우와 직녀는 전형적인 별자리 신이다. 하지만 고구려 고분벽화에 은하수와 함께 묘사된 견우와 직녀는 1년에 하루 오작교 위에서 만난다는 설화의 주인공이자 별자리의 신이다. 고구려에 대한 기록에는 전하지 않지만, 고구려 사람들이 일상 속에서 믿고 기도하던 대상이니, 견우와 직녀는 고구려의 신화와 전설을 풍부하게 만들던 또 다른 주인공들 가운데 하나인 셈이다.

依其言而祭之然後日月如舊. 藏其綃於御庫爲國寶, 名其庫爲貴妃庫. 祭天所名迎日縣又都祈野 『三國遺事』卷1, 「紀異」1, 延烏郞細烏女.

9   해와 달

    고구려 사람들에게 해와 달은 특별한 관심과 신앙의 대상이었다. 시조 왕 주몽이 해와 달의 아들로 인식되었기 때문이다. 주몽도 용의 머리를 딛고 하늘로 올라간 뒤에는 아버지 해모수의 뒤를 이어 해신이 되었다고 믿어졌으니, 고구려 사람들이 해와 달을 특별히 여긴 건 당연했다.

    고구려 고분벽화에는 해와 달이 자주 등장한다. 초기 고분벽화부터 마지막 시기의 고분벽화까지 빠짐없이 등장하는 게 해와 달이다. 고분벽화에서 해는 붉은 원 안에 세발까마귀가 들어 있는 모습으로 그려지고, 달은 누런 원 안에 두꺼비, 혹은 두꺼비와 옥토끼가 함께 있는 형상으로 묘사된다.[40]

    고구려 고분벽화에 등장하는 해 안의 세발까마귀는 중국의 화상석이나 고분벽화에 묘사되는 세발까마귀와 달리 볏이 공작의 그것과 같다. 그런 점에서 고구려의 세발까마귀는 공작의 이미지에서 비롯된 봉황이나 주작과 통하는 신비한 생명체라고 할 수 있다. 그런 좋은 사례가 평양 진파리7호분에서 출토된 금동투조금구(金銅透彫金具)이다.

    고구려의 왕족이 관모 장식으로 썼을 수도 있는 금구 속 일상문은

---

40 전호태, 1992,「고구려 고분벽화의 해와 달」『미술자료』50, 1~63쪽.

쌍영총 벽화의 '해와 달'(북한 남포)

가운데 투조된 해를 세모꼴로 둘러싼 두 마리의 용과 한 마리의 봉황으로 이루어졌는데, 해를 나타내는 원안의 세발까마귀와 원 위의 봉황이 다리의 수 외에는 형상이 완전히 같다. 공작 볏의 세발까마귀는 고구려 고분벽화의 해에서만 볼 수 있다.

고구려 고분벽화에 그려진 달 안의 생명체는 처음에 두꺼비뿐이었다. 입에서 상서로운 기운을 내뿜는 이 두꺼비는 본래 중국 신화 전설의 항아분월(姮娥奔月)이라는 고사와 관련이 깊다. 서왕모가 명궁 예(羿)에게 준 불사약을 혼자 먹고 남편을 피해 달로 달아난 항아가 몸이 쭈그러지며 두꺼비같이 되었다는 이야기가 그것이다.[41] 이런 고사에도 불구하고, 화상석 중에는 서왕모의 권속 가운데 하나로 달두꺼비를 묘사한 사례가 많다. 이는 달두꺼비의 유래를 둘러싼 이야기가 여럿이었

41　羿請不死之藥於西王母, 姮娥竊以奔月, 愴然有喪, 無以束之『淮男子』「覽明訓」; 전호태, 2009,『화상석 속의 신화와 역사』, 소와당, 69쪽.

화상석 탁본 '항아분월(달로 달아나는 항아)'(중국 하남 남양 서관한묘 출토)

음을 시사한다.

두꺼비뿐이었던 달에 옥토끼가 등장한 것은 서왕모 신앙과 관련이 깊다. 약절구에 불사약을 찧는 옥토끼는 음양을 모두 아우르는 서왕모의 권속 가운데 하나로 음의 상징인 두꺼비와 달리 양의 기운을 지닌 생명체이기 때문이다.[42] 고구려의 후기 고분벽화에 이 옥토끼가 등장하는 것은 음양오행설이 일반화되어 사신을 후기 고분벽화의 주제로 삼게 되는 고구려 사회의 동향과 관련이 깊은 듯하다.

옥토끼와 관련된 어떤 이야기가 고구려 사람들 사이에 회자(膾炙)되었는지는 확실하지 않다. 중국의 서왕모 이야기가 널리 퍼지고, 옥토끼와 관련된 불교의 설화도 사람들의 입에 오르내리면서 고구려 고분벽화에도 두꺼비와 옥토끼가 함께 그려졌을 가능성도 고려할 수 있다. 물론 달 속의 두 동물 이야기가 사람들의 입에 오르내린 지 오래지 않

42 전호태, 2007, 『중국 화상석과 고분벽화 연구』, 솔, 218~220쪽.

아 옥토끼와 두꺼비는 고구려 사람들에게는 익숙한 존재가 되었을 것이다.

흥미로운 것은 평양 일대에서는 달 속에 두꺼비와 함께 옥토끼도 그려지기 시작하지만, 집안의 국내성 지역은 그렇지 않다는 사실이다. 집안 국내성 일대 6세기 고분벽화에는 5세기 중엽 이전처럼 달 속에 두꺼비만 묘사된다.[43] 고구려 남북 두 문화권의 달에 대한 인식도 미묘한 차이가 있었다는 것을 이런 사실을 통해서도 미루어 짐작할 수 있다.

아마도 평양 일대 사람들과 달리 집안 국내성 지역 사람들에게는 달신인 유화신의 정체성에 대한 인식이 훨씬 강했던 것과 관련이 있는 듯하다. 그렇다고 유화신과 달 속 두꺼비를 연결시킬 다른 설화나 전설이 고구려 사람들의 입에 오르내리지는 않았을 것이다. 달 속 두꺼비가 항아 이야기와 관련 있다는 사실 정도는 고구려 사람들도 알고 있었을 테니까.

---

43 전호태, 1992, 「고구려 고분벽화의 해와 달」 『미술자료』 50, 1~63쪽.

10 북두칠성과 남두육성

칠성판(七星板)을 짊어졌다는 말이 있다. 죽어 북두칠성이 그려진 널판 위에 누웠다는 말이다. 생을 마치면 별의 세상, 저 하늘로 돌아가서인가. 아니기도 하고 그렇기도 하다.

한국에서 북두칠성은 생명을 주관하는 별자리고 사찰에 모셔진 칠성각의 칠성신(七星神)은 생명의 주관자라서 삶을 마친 이를 가야 할 곳으로 보내는 일도 한다. 한국과 달리 중국 도교에서 북두칠성은 죽음을 결정하는 별자리다. 북두칠성을 신격화한 북두성군(北斗星君)을 무서운 표정의 검은 얼굴의 인물로 그리는 것도 이 때문이다.

때로 기쁘기도 했고, 어느 순간 고단하기도 했던 삶을 마쳤으니 죽은 이의 영혼은 가야 할 곳으로 가야 한다. 바리데기 이야기의 주인공 바리데기가 서천 서역 머나먼 길을 가면서 지나갔듯이 삶의 꽃밭을 지나 영원한 삶을 누리는 언덕 너머로 가야 한다. 죽은 이는 미련과 아쉬움을 뒤로하고 이제 칠성판 위에 편안히 누워 영원한 안식에 들어가는 것이다.

고구려 고분에 벽화로 그려진 땅과 하늘은 죽은 뒤의 삶이 어디서 어떻게 이루어질지를 잘 보여준다. 하늘에 뜬 건 해와 달, 북두칠성과 남두육성이다. 이외에 여러 개의 별자리가 곳곳에 자리 잡은 채 내세의 하늘 세계를 보여준다. 때로 비어 있는 공간이 많지 않아 하늘의 별

 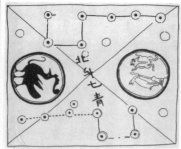

장천1호분 벽화의 '해와 달'(중국 집안), 장천1호분 벽화의 '해와 달 모사선화'

들이 옹기종기 서로 닿을 듯이 좁은 자리에 모여 있는 경우도 있는데, 장천1호분의 널방 천장고임 천장석이 그러한 사례이다. 천장을 덮은 돌에 해와 달, 북두칠성과 남두육성이 모두 그려졌다.

흥미로운 것은 북두칠성과 남두칠성이 남북에서 서로를 마주 보는 데, 마치 하나의 별자리인 듯 '북두칠청(北斗七靑)'이라는 묵서가 두 별자리 가운데 쓰여 있다는 사실이다. 본래 북두칠성은 7개, 남두육성은 6개의 별로 별자리를 이루지만, 장천1호분 널방 천장석 남면에 그려진 별자리는 남두육성이 아니라 남두칠성(南斗七星)이다.

화면을 자세히 들여다보면 남북의 두 별자리 곁에는 각각 두 개의 홑별이 표현되어 국자 모양의 별자리를 이룬 남북의 두 칠성과 함께 9개의 별로 새로운 해석도 가능하다. 이런 까닭에 어떤 이는 북두칠성에 좌보성(左輔星)과 우필성(右弼星)이 더해진 북두구진(北斗九辰)이 화면에 표현되었다고 보기도 한다.[44] 그러나 이런 해석으로 남북에 나란

44　김일권, 2008, 『고구려 별자리와 신화』, 사계절, 128~129쪽.

히 국자 모양의 별자리가 쌍둥이처럼 표현된 이유나 의미가 충분히 설명되지는 않는다.[45]

민속에서 북두칠성은 사람의 수명을 주관하고, 비는 사람의 소원을 들어준다고 하여 가장 사랑받는 별자리이기도 하다. 청동기시대 고인돌에 북두칠성이 암각화로 새겨진 사례가 있다는 의견도 제시되는 점을 고려하면 한국에서는 이런 관념과 믿음의 씨앗이 선사시대부터 마련되고 있었다는 해석도 가능해진다.[46] 한국의 역사적 인물 가운데 별자리의 기운을 타고난 영웅으로 전해지는 신라의 김유신은 등에 북두칠성 모양의 반점이 있었다고 전한다.[47] 귀주대첩으로 거란이 세운 요나라의 3차 침입을 물리친 고려의 장군 강감찬은 북두칠성 별자리의 네 번째 별인 문곡성(文曲星)의 기운을 타고났다는 이야기가 전한다.[48]

신앙 대상으로 남두육성은 북두칠성만큼 유명하지 못하다. 한국에서 여름밤 남쪽 하늘에서 가장 눈에 잘 띄는 별자리이지만[49], 남두육성과 관련한 민속으로 지금까지 널리 행해지는 것은 찾기 어렵다. 중국의 도교에서 남두육성은 장수와 행운을 상징하는 별자리로 중시된 까

---

45 전호태, 2016, 『고구려 벽화고분』, 돌베개, 292~293쪽.

46 김일권은 윷판이 새겨진 암각화가 북두칠성에 대한 관찰과 관념을 바탕으로 출현하였다고 보았다(김일권, 2008, 『우리 역사의 하늘과 별자리』, 고즈윈, 43~49쪽).

47 庚信公以眞平王十七年乙卯生, 稟精七曜故背有七[七]星文, 又多神異 『三國遺事』 卷1, 「紀異」 1, 金庚信; 김유신 가문은 방술, 둔갑술 등 도교 관련 활동과도 관련이 있다(장인성, 2017, 『한국고대 도교』, 서경문화사).

48 世傳, "有使臣夜入始興郡, 見大星隕于人家, 遣吏往視之, 適其家婦生男. 使臣心異之, 取歸以養, 是爲邯贊." 及爲相, 宋使見之, 不覺下拜曰, "文曲星, 不見久矣, 今在此耶!" 『高麗史』 卷94, 「列傳」 7, 諸臣 姜邯贊.

49 고구려 고분벽화에 방위별 별자리의 하나로 그려진 이유도 이 때문일 것이다(김일권, 2008, 『우리 역사의 하늘과 별자리』, 고즈윈, 103~110쪽).

수노인(조선 후기, 국립중앙박물관)

닭에 고대 한국에 도교가 전래된 뒤, 한국의 민간에서도 자연스레 중요한 별자리의 하나가 되었다.

　남극노인으로도 불렸던 수노인(壽老人)은 남두육성과 관련하여 자주 언급되는 신인(神人)으로 인간의 수명을 주관한다.[50] 수노인은 머리가 산처럼 높게 솟은 노인으로 그려지는데, 근대에 이르기까지 도교신

50　남두육성 별자리의 카노푸스별이 통칭 노인성(老人星), 곧 수노인이며, 남극성, 수성 등으로 불린다(전호태, 2019, 『고대에서 도착한 생각들』, 창비, 379쪽).

앙을 가지고 장수를 꿈꾸는 이들은 수노인 그림을 집에 모셔두고 아침
저녁으로 그 앞에서 기도하였다고 한다.

　고구려 고분벽화에 남쪽을 나타내는 별자리로 그려지는 남두육성
이 수노인과 관련이 있는지는 알 수 없다. 고구려의 마지막 임금인 보
장왕 시대에 연개소문을 비롯한 집권자들은 당의 환심을 사려고 의도
적으로 도교의 사찰인 도관(道觀)을 평양에 두고 당에서 파견된 도사가
그곳에 머물게 했지만[51], 중국 도교에서 중시되었던 수노인 신앙이 고
구려에도 들어와 자리 잡았는지는 확실치 않다.

51　高麗本記云. 麗季武德　貞觀間國人爭奉五斗米敎. 唐高祖聞之, 遣道士送天尊像來講道德經,
王與國人聽之. 卽第二十七代榮留王卽位七年, 武德七年甲申也. 明年遣使徃唐求佛老, 唐帝
許之. 及寶藏王卽位 亦欲幷興三敎. 時寵相蓋蘇文說王以儒釋並熾, 而黃冠未盛特使於唐求道敎
『三國遺事』 卷3, 「興法」 3, 寶藏奉老 普德移庵.

수신

잠에서 깬다
입 달싹이는 희미한 소리
조심스런 몸짓
깨우러왔지만
소란스럽지 않으려 애쓴다

눈을 뜬다
가마에 올리운 몸이
강변을 향한 지 오래다
걸음은 조심스럽고
말 대신 눈짓이다

조용히 저들을 바라본다
몸은 단 위에 있어도
의식은 물과 어우러진 채
때가 지나
동굴로 되돌려지기를 기다린다

불

붉게 타오르다
푸른빛 되니
고요하다

푸른 기운 옅어지고
흰빛 되니
거기 없는 듯하다

이제 알았다
다 삼킨 불은
둘레 없는
투명이구나

돌

알곡 가루 내는 데도 돌
쇠날 벼리는 데도 돌
이름 새기는 데도 돌
돌 없이 오늘 지내면
장사다

다리 놓을 때도 돌
담 쌓을 때도 돌
불 기운 전할 때도 돌
자갈돌 하나라도
귀히 여기는 게 지혜다

허리띠에는 숫돌
허리춤 쌈지에는 부싯돌
청마루 끝에는 맷돌
돌과 함께 하루를 시작하고
마친다

그래서 난
돌미륵 되고
돌하루방
되었다

쇠부리 신

신이라도
직종이 문제다
불과 열로 온몸이
땀이다
쇠부리 맡은
내 잘못이다

신이라도
못 쉬면 고역이다
달구고 두드리느라
낮밤이 없다
벌건 쇠가 얄미워
마치질 한 번
더한다

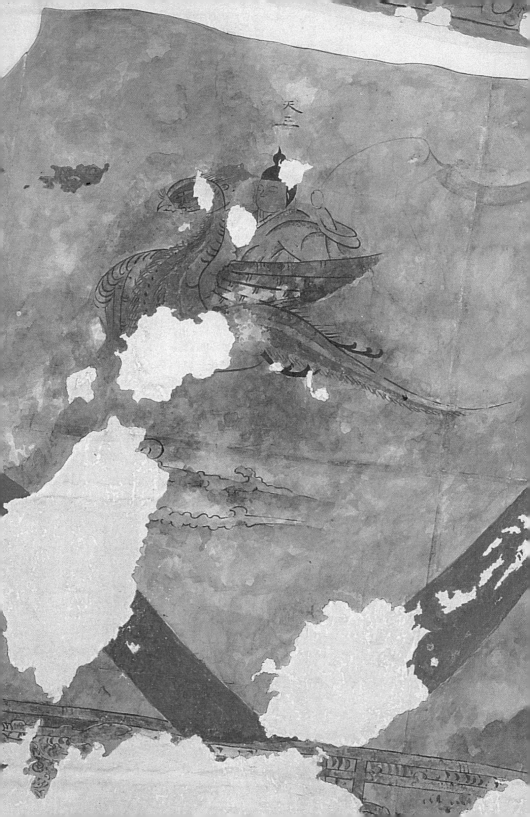

3장

신선과 정령

하늘로 날아오르는 연봉오리와 연꽃 사이에 자리 잡은 이 인물들을 칭하는
말로 '선인'이나 '신선' 외에는 달리 붙일 마땅한 이름도 떠올리기 어렵다.
이들은 누구고, 왜 이런 모습으로 그려졌을까? 이들을 그린 화가는 하늘을
어떤 공간으로 상정했고, 화가에게 이런 그림을 주문한 무덤 주인이나
가족은 죽은 뒤의 삶터를 어떤 곳으로 생각했던 것일까.

1 신선

고구려 무용총 벽화에는 하늘을 나는 사람들이 여럿 나온다. 어떤 강한 기운에 끌려 날아가는 듯이 보이는 인물도 있고, 백학 여러 마리를 말처럼 앞세우고 하늘을 나는 사람도 나온다. 하늘을 거처로 삼은 듯이 보이는 어떤 인물은 거문고를 무릎 위에 올려놓고 연주하는 중인데, 목이 길고 귀가 당나귀 귀처럼 뾰족하게 올라온 기이한 모습이다.[1] 뿔나팔을 부는 목이 긴 인물도 형상이 보통 사람과는 다르다.

하늘로 날아오르는 연봉오리와 연꽃 사이에 자리 잡은 이 인물들을 칭하는 말로 '선인'이나 '신선' 외에는 달리 붙일 마땅한 이름도 떠올리기 어렵다.[2] 이들은 누구고, 왜 이런 모습으로 그려졌을까? 이들을 그린 화가는 하늘을 어떤 공간으로 상정했고, 화가에게 이런 그림을 주문한 무덤 주인이나 가족은 죽은 뒤의 삶터를 어떤 곳으로 생각했던 것일까.

무용총과 나란히 축조되었고, 무덤 크기도, 무덤 칸의 구조도 같아 형제 무덤처럼 보이는 각저총 널방의 하늘은 해와 달, 별자리들 외의

---

1 仙人騎白鹿 髮短耳何長 導我上太華 攬芝獲赤龍 來到主人門 奉藥一玉箱 主人服此藥 身體日康彊 髮白復更黑 延年壽命長 「長歌行」: 벽화의 이 장면과 관련하여 정재서, 1995, 『不死의 신화와 사상』, 민음사, 209쪽에 수록된 「長歌行」의 이 구절이 그려내는 선인의 모습이 참조된다.

2 葛洪은 『神仙傳』에서 선인은 날개도 없이 날고, 원기와 지초를 먹는다고 했다(仙人者 或竦身入雲 無翅而飛 或駕龍乘雲 上造天階 或化爲鳥獸 遊浮靑雲 或潛行江海 翶翔名山 或食元氣 或茹芝草 出入人間而人不識 或隱其身而莫之見 『神仙傳』).

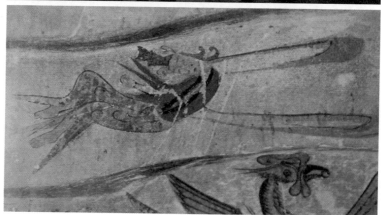

무용총 벽화의 '선인들'(중국 집안)

공간이 넝쿨로만 장식되었다. 이와 달리 무용총 널방의 하늘은 연봉오리와 연꽃으로 채워지고, 허공을 날아다니는 기이한 인물들로 가득하다. 그런 차이가 나타나는 이유는 또 무얼까.

신선신앙은 동아시아를 중심으로 창안되고 유행한 독특한 관념세계다. 각박하고 여유 없는 세상살이에 내몰린 평범한 사람도 어떤 관념을 바탕으로 어떻게 사느냐에 따라 불사의 삶을 누릴 수도 있다는 생각에서 상정된 게 신선이라는 존재다. 고대 중국에서는 심산유곡, 사람의 접근이 어려운 곳에 불로불사(不老不死)를 누리는 신선들이 실제 살고 있으며, 이들은 각각 오랜 기간 불로 익히지 않은 음식을 먹거나 특별한 호흡법을 익혀 불로불사에 이르렀다는 이야기가 세간에 널리 퍼졌다.

세상 이치에 대한 궁극적인 깨달음을 추구하고, 이를 삶에 적용하는 걸 목표로 삼았던 도가사상과 달리 신선신앙에 빠진 이들은 제 몸을 잘 단련해 불로불사를 누리는 데에 관심을 두고 노력을 기울였다. 후에 도교에서는 이 둘에 샤머니즘과 별자리 신앙을 더해 하나로 묶지만, 본래 신선신앙과 도가사상은 서로 출발점도 다르고 지향하는 것도 같지 않았다.

신선의 삶을 추구한 이들이 남긴 문헌에 따르면 신선의 경지에 이른 이는 몸도 보통 사람과 달라져 귀와 목이 길어지기도 하고, 몸에 날개와 같은 것이 돋기도 한다. 용과 봉새 같은 신화적인 생명체를 부릴 수도 있고, 스스로 날기도 한다. 옥과 같은 걸 가루 내어 먹기도 하고, 불로 요리한 음식을 먹는 대신 허공에 떠도는 기운과 이슬을 마시며 지내기도 한다.

귀가 당나귀 귀처럼 길어 특별히 만든 복두(幞頭)를 머리에 썼다는 신라 하대의 경문왕(景文王)은 신선신앙에 깊이 빠져 나름 높은 경지에 이른 인물이다.[3] 왕이 잠을 잘 때, 뱀들이 가슴 위에 서려 보통 사람들은 두려워 가까이 갈 수 없었다는 것도 왕이 신선술을 깊이 익혔기 때문이다.[4] 이 이야기는 신라에도 신선신앙이 유행하여 이와 관련된 도술을 깊이 익힌 인물들이 있었음을 시사한다.

중국 위진남북조 시기의 신선신앙 관련 문헌에는 고구려 사람들이 불사약의 주요한 재료인 금과 단사를 잘 다루었다는 이야기가 나온다.[5] 금과 단사는 도교에 융합된 신선신앙의 불사약 제조법에서 가장 주요시되었던 재료다. 이는 중국 위진남북조시대의 고구려에도 불로불사를 추구하는 신선신앙이 널리 알려지고 믿어졌음을 시사한다. 5세기 전반의 늦은 시기에 그려진 무용총 널방 천장고임 벽화에 하늘을 나는 신선들이 등장하는 건 이 때문일 것이다.

신선을 가리키는 또 다른 용어 '선인'이라는 단어는 무용총 벽화보다 이른 시기에 그려진 덕흥리벽화분 앞방 천장고임에 묵서로 쓰여 있다. 당(幢)을 들고 하늘을 나는 인물의 정체를 가리키는 이 말은 5세기 초 광개토왕 때에는 고구려 사회에 신선신앙이 널리 퍼져 있었다는 사실을 알게 한다.

---

3 乃登位, 王耳忽長如驢耳. 王后及宮人皆未知, 唯幞頭匠一人知之. 然生平不向人說, 其人將死, 入道林寺竹林中無人處, 向竹唱云, "吾君耳如驢耳." 其後風吹則竹聲云, "吾君耳如驢耳." 王惡之, 乃伐竹而植山茱萸, 風吹則但聲云, "吾君耳長." 『三國遺事』 卷2, 「紀異」 2, 景文大王.

4 王之寢殿每日暮無數衆蛇俱集. 宮人驚怖將驅遣之, 王曰 "寡人若無蛇不得安寢, 宜無禁." 每寢吐舌滿胸鋪의 『三國遺事』 卷2, 「紀異」 2, 景文大王.

5 전호태, 2019, 『고대에서 도착한 생각들』, 창비, 366쪽.

덕흥리벽화분 벽화의 '선인, 옥녀'(북한 남포)

아마 4세기 후반 불교가 공인되어 고구려 사회에 유행되기 이전부터 신선신앙은 고구려 사람들이 추구하는 현세 너머의 삶과 관련하여 이해되고 알음알음 퍼지고 있었을 것이다. 내세관을 드러내는 고분벽화로 선인과 옥녀가 그려질 정도면 사회적 인식과 이해의 폭이 이미 상당한 정도로 넓어진 상태여야 하는 까닭이다. 무용총 벽화의 선인들은 이런 이해와 인식을 바탕으로 세련되게 정리되어 묘사된 경우라고 할 수 있다.

2 뿔나팔 부는 선인

고구려 초기와 중기 고분벽화에는 악기를 연주하는 장면이 자주 나온다. 안악3호분 대행렬도에는 악기를 연주하는 사람만 64명이 등장한다.[6] 고구려의 악기 가운데 관악기는 모두 13종으로 생, 호로생, 적(저), 의자적, 횡적(젓대), 소, 소필률(작은 피리), 대필률(큰 피리), 도피필률(복숭아나무껍질 피리), 패, 대각(큰 뿔나팔), 소각(작은 뿔나팔), 쌍구대각(쌍뿔나팔)이 문헌 기록과 고분벽화로 확인된다.[7] 세 종류인 뿔나팔은 모두 고분벽화로 확인할 수 있다. 고구려 무용총 널방 천장고임에 그려진 하늘 세계 선인이 연주하는 뿔나팔은 이 가운데 큰 뿔나팔이다.

목이 길고 귀는 짐승의 그것처럼 뾰족하게 솟은 맨발의 선인은 허공을 유영하는 듯한 자연스러운 자세로 검고 길며 주둥이가 넓은 뿔나팔 부는 데에 온 신경을 모으고 있다. 삼실총 널방 천장고임에도 뿔나팔 부는 선인이 등장하는데, 이 선인은 상의를 입지 않았으며 한 손으로 누런색의 그리 길지 않고 주둥이도 좁은 뿔나팔을 받쳐 든 채 불며 허공을 날고 있다. 고구려 후기 벽화고분인 강서대묘 벽화의 천인이 연주하는 뿔나팔은 끝이 둘로 나뉜 두 갈래 뿔나팔, 곧 쌍뿔나팔이다.

---

6 전호태, 2016, 『고구려 생활문화사 연구』, 서울대출판문화원, 224쪽.

7 전호태, 2018, 『한류의 시작 고구려』, 세창미디어, 45~46쪽.

무용총 벽화의 '뿔나팔 부는 선인'(중국 집안)

고분벽화에 하늘 세계의 선인이 연주하는 악기의 하나로 그려진 뿔나팔은 뿔에 대한 인간의 오랜 선망과 관련이 깊다. 뿔은 구석기시대부터 인간의 상상력을 자극한 종교적 관념의 대상이었고, 지금도 뿔은 특정한 효과를 염두에 둔 약재로 적지 않은 수요를 자랑한다. 약재로서 뿔에 대한 수요가 특정한 동물의 멸종을 앞당기는 현실은 이와 관련한 가슴 아픈 현재진행형 과제이기도 하다.

종교신앙의 대상이었던 까닭에 뿔은 가장 연원이 오랜 미술 작품의 제재이다. 뿔을 도구로 삼은 가장 오랜 미술 작품 중의 하나가 뿔나팔을 쥐고 있는 임신한 여인인 점은 뿔과 뿔나팔, 뿔잔의 깊은 관련성을 잘 보여주는 사례라고 할 수 있다.[8] 뿔잔의 경우, 뿔나팔과 함께 근래까

---

8 마리야 김부타스, 2016, 『여신의 언어』, 고혜경 역, 한겨레출판, 141~142쪽.

삼실총 벽화의 '뿔나팔 부는 선인'(중국 집안)

지 애용된 도구이다. 삼국시대에 토기로도 빚어 구운 뿔잔은 영남지역에서도 발견 사례가 적지 않다. 무소의 뿔로 만든 뿔잔은 근대에도 국가 차원의 의례에 사용되었다.

자연계에서 뿔은 생식 능력과 관련이 깊다. 사슴을 비롯한 발굽 동물 가운데 번식 능력을 가진 수컷들은 뿔싸움의 승자가 발정기의 암컷을 차지할 권한을 가진다.[9] 크고 멋진 뿔은 단순히 보기 좋다는 외관에 그치지 않고, 새로운 세대를 위한 우수한 유전자를 지녔다는 증거이기도 했다. 번식기의 수컷들이 벌이는 뿔싸움은 자연 세계 어디서나 볼 수 있는 일상적 광경이기도 하다.

인간의 뿔에 대한 종교적 관념은 강력한 뿔을 지닌 우제목 짐승 수

---

9 전호태, 2021, 『울산 천전리 각석 암각화 톺아읽기』, 민속원, 95쪽.

안악3호분 벽화의 '뿔나팔부는 사람'(북한 안악)　　　　　뿔 모양 잔(신라, 국립중앙박물관)

컷의 힘과 능력을 직접 보면서 생겨난 것이라고 할 수 있는데, 신석기 시대의 암각화에서는 이런 뿔을 형상화한 모습을 자주 발견할 수 있다.[10] 중근동 신석기시대 마을을 대표하는 터키 차탈회육 마을의 주거지 중에는 들소의 뿔로 장식된 방이 발견되기도 했다.[11]

　뿔은 고대와 중세 아시아와 유럽에서 디자인 제재로도 자주 사용되었다. 고·중세 전사들의 투구에 뿔 형태의 장식을 덧붙인 게 대표적인 사례로 심리적인 효과를 고려한 디자인으로 볼 수 있다. 아마도 뿔이

10　프랑스 알프스의 몽 베고 암각화 유적에는 유럽 들소 오록스의 거대한 뿔만 수없이 반복하여 새긴 곳도 있다(박영희, 2013, 「프랑스 몽 베고 지역의 바위그림 중 꼬르뉘 형상의 변화에 대한 연구」 『한국 암각화연구』 17, 113~133쪽).

11　전호태, 2021, 『고대 한국의 풍경』, 성균관대출판부, 54쪽.

장식된 투구를 쓴 전사는 그 자신도 전투에서 강력한 힘을 발휘하며 적을 물리칠 수 있다고 자기 암시를 했을 것이다. 전국시대 일본의 사무라이들도 장수들은 금속 뿔로 장식된 투구를 쓰고 전장에 나갔다.

뿔나팔과 북, 곧 고각(鼓角)은 전장에서 가장 효과적으로 쓰이던 악기이다. 불거나 두드렸을 때, 파장이 크고 길어 전달력이 높은 이런 악기에는 자연스레 종교적 관념도 덧붙었으므로 이런 악기를 연주하여 군대를 지휘하는 게 일반적이었다. 고려의 문인 이규보가 쓴 5언고시(五言古詩)「동명왕편」과 여기에 덧붙여 제시한『구삼국사』의「동명왕본기」에 따르면 비류국 곁에 새 나라를 세우는 데 성공한 부여의 왕자 주몽은 나라의 연원이 깊다는 사실을 내외에 알게 하고자 뿔나팔과 북을 검게 변색시켜 송양왕이 보고 나라의 오래됨을 두고 다투지 못하게 했다고 한다.[12] 뿔나팔의 용도를 잘 보여주는 좋은 사례이다.

무용총과 삼실총에 그려진 뿔나팔 연주 선인은 뿔나팔이 하늘 세계에서도 귀중히 여기는 악기였음을 미루어 짐작하게 한다. 음악의 기원이 신 앞에서 행하던 의례와 관련이 깊음을 고려하면 하늘 세계에서 뿔나팔이 귀중한 악기로 취급된 것도 어쩌면 당연한 일이라고 할 수 있다.

---

12 於是扶芬奴等三人. 往沸流取鼓而來. 沸流王遣使告曰云云. 王恐來觀鼓角. 色暗如故. 松讓不敢爭而去.『東國李相國集』所引『舊三國史』「東明王本紀」.

3 완함[비파] 연주하는 선인

완함은 현악기의 일종으로 본래 비파였는데, 중국 동진(東晉)의 완함(阮咸)이 개량하였다고 하여 이 이름으로 불리게 되었다고 한다. 많이 알려진 4현 비파가 완함이다. 삼실총 벽화에서 천인이 연주하는 줄감개가 4개인 현악기가 바로 이 완함이라는 악기이다. 널방 천장고임에 그려진 천인은 왼손으로 긴 자루 쪽 현을 번갈아 누르면서 오른손으로 둥근 울림통 위의 현을 튕겨 소리가 나게 하는 중이다. 천인의 머리에는 두광(頭光)이 있다.

완함의 기원인 비파는 고대 중국에서 사용되던 진비파(秦琵琶)가 있고, 중앙아시아 지역에서 널리 쓰이던 호비파(胡琵琶)가 있다. 동진의 완함이 손보았다는 비파는 진비파일 가능성이 크지만, 단정하기는 어렵다. 서역 기원의 호비파는 남북조시대 북중국 일대에서도 널리 사용된 것으로 지금도 중국 서부의 신장위구르자치구를 비롯하여 중앙아시아 일대 주민들이 애용하는 악기이다.[13] 현재 세계적으로 사용되는 만돌린, 바이올린, 비올라, 첼로 등의 현악기들은 이 호비파의 개량형이라고 할 수 있다.

고대 한국의 삼국시대와 남북국시대에도 비파, 완함으로 불리는 악

---

[13] 전호태, 2020, 『중국인의 오브제』, 성균관대출판부, 264쪽.

삼실총 벽화의 '완함을 연주하는 선인'(중국 집안)

기는 많은 사람들에게 사랑받았다. 완함[비파]은 선율이 아름답고 맑아 밝고 경쾌한 분위기를 연출하는 데에도, 약간은 구슬픈 감정을 펼쳐 내는 데에도 적합한 악기였다. 고구려 고분벽화에는 완함, 혹은 비파로 부를 수 있는 악기가 다른 몇 가지 악기와 짝을 이루어 연주되는 장면도 남아 있다. 안악3호분 널방 벽에는 세 사람 악사의 관현악 합주에 맞추어 무용수 한 사람이 춤추는 장면이 묘사되었는데[14], 악사들은 각각 피리와 완함[비파], 거문고를 연주하고 있다.

완함[비파]은 백제에서도 관현악 연주에 사용되는 악기의 하나였음을 백제대향로의 5인 악사 가운데 한 사람이 연주하는 장면을 통해 확인할 수 있다. 신라에서도 완함[비파]이 악기로 사용되었다는 사실은 기록으로 남아 있다. 신라 문무왕의 배다른 아우 거득공(車得公)은 높

---

14 전호태, 2016, 『고구려 생활문화사 연구』, 서울대출판문화원, 245쪽.

백제대향로의 '완함을 연주하는 선인'(국립부여박물관)

은 재상의 직위에 오르기 전, 민심을 살펴보기 위해 스님 차림으로 왕경을 떠날 때, 비파를 챙겨 들고 갔다고 한다.[15]

고려시대의 기록에 따르면 남북국시대의 신라와 고려에서는 비파를 향비파(鄕琵琶)와 당비파(唐琵琶)로 구분했는데, 향비파는 울림통이 타원형에 가깝고 5현에 목이 곧으며 대나무 술대로 연주했지만, 당비파는 울림통이 둥글고 네 줄에 목이 굽었고 긴 목을 오른손으로 쥐고 연주했다고 한다. 고구려 악기의 구분법으로 보면 비파를 4현 비파와

---

15 王一日召庶弟車得公曰(中略)公著緇衣把琵琶爲居士形出京師,『三國遺事』卷2,「紀異」2, 文武王法敏.

5현 비파로 나눈 것이라고 할 수 있다. 고분벽화로 확인되는 비파에는 4현과 5현이 있고 둘 다 목이 곧은데, 현을 손으로 튕겨 연주하던 악기이다. 이를 고려하면 고려의 향비파는 4현인 완함과 생김새 및 연주법에 공통점과 차이점이 있음을 알 수 있다.

남아 있는 기록만으로는 향비파가 북중국과 고구려에서 널리 사용되었던 호비파에서 비롯되었고, 당비파가 진비파나, 완함에서 유래한 것인지 알기 어렵다. 생김새과 현의 수, 사용법이 다르지만, 고구려 고분벽화나 중국 미술에 표현된 완함[비파]은 악기의 목이 곧고 현을 손가락으로 튕겨 내 소리를 내는 식으로 연주하고 있기 때문이다. 혹, 현을 타는 방식이 남북국시대의 신라나 뒤이은 고려에서 달라져 호비파 계통인 향비파를 술대로 연주했을 수도 있고, 가야금을 비롯한 현금(弦琴) 연주의 영향으로 손으로 튕겨 내는 대신 술대로 타는 쪽으로 연주법이 바뀌었을 수도 있다. 그러니 현재로서는 두 종류 비파의 계통이나 유래를 읽어내기 쉽지 않다고 하겠다.

4   거문고를 연주하는 선인

왕산악(王山岳)은 거문고의 명인으로 전하는 고구려의 재상이다. 현학금(玄鶴琴)이라고도 불린 거문고는 한자 이름처럼 현악기인 금(琴)의 일종이다. 문헌 기록과 고분벽화로 확인되는 고구려의 현악기는 모두 10종이다. 쟁, 탄쟁, 추쟁, 수공후, 와공후[봉수공후], 4현비파, 5현비파, 4현금, 5현금, 6현금 가운데 비파와 현금은 고분벽화에도 자주 보인다.[16]

쟁은 가야금의 모델이 된 악기이고, 공후(箜篌)는 한국 고대사의 첫 장부터 언급되는 남유럽의 하프와 비슷한 악기이다.[17] 일본 정창원에 소장된 백제금[百濟琴, 구다라고토]은 백제에서 일본으로 전한 대공후로 추정되는데, 23현으로 중국에서 사용되던 13현의 와공후, 21현의 수공후보다 현의 수가 많다.

고구려의 왕산악이 만들어 연주했다는 현금의 유래에 대한 기록은 『삼국사기』에 실려 있다. 이 책에서 인용하고 있는 『신라고기(新羅古記)』에 따르면 중국 진(晉)나라 사람이 7현금(七絃琴)을 고구려에 보냈

---

16   전호태, 2018, 『한류의 시작 고구려』, 세창미디어, 35쪽.

17   공후는 고조선 때부터 사용되던 현악기이다. 『海東繹史』는 『古今注』를 인용하여 朝鮮津의 병졸 霍里子高의 아내 麗玉이 지어 이웃 여자 麗容에게 전한 노래를 소개하고, 물에 빠져 죽은 白首狂夫의 아내가 연주했다는 악기가 공후임을 알려준다.

는데, 고구려에서는 이 악기의 성음과 연주법을 잘 몰라 사용법을 알고 연주를 잘하는 사람에게 큰 상을 내리겠다고 두루 알렸더니, 나라의 둘째 재상인 왕산악이 원래의 모습을 그대로 두면서 법식과 제도를 손보고 겸하여 100곡을 지어 이 악기를 연주하였다고 한다. 왕산악이 이 악기를 연주할 때 검은 학이 와서 춤추므로 다들 이 악기를 현학금이라 불렀으며, 그 뒤에는 말을 줄여 거문고[玄琴]라고만 부르게 되었다는 것이다.[18] 이 악기가 바로 10종의 고구려 현악기 가운데 하나인 6현금이다.

무용총 널방 천장고임에는 두 선인이 마주보며 4현금을 연주하는 장면이 묘사되었다. 선인은 무릎 위에 현금을 비스듬히 기울어지게 걸친 뒤, 왼손으로는 괘를 잡고 오른손으로는 짧은 술대로 현을 타 소리를 내고 있다. 짧은 술대를 사용하는 현대의 거문고 연주법과도 차이가 없다.

목이 가늘고 길며 머리 위로 솟은 두 귀는 길어 당나귀 귀를 연상시키는 벽화의 선인이 연주하는 현금의 제2현과 제3현 사이에 17개의 괘가 보인다.[19] 오회분4호묘 널방 천장고임 거문고 연주 천인 모사도에는 천인이 연주하는 거문고 위에 뚜렷이 보이는 괘가 6개에 불과하다. 이는 본래 그려졌던 괘를 모사화를 그리면서 일부 생략했거나, 고분벽화 원본에도 괘가 본래대로 상세히 그려지지 않았던 까닭일 수 있다. 현

---

18 玄琴之作也, 新羅古記云, "初晉人以七絃琴, 送高句麗, 麗人雖知其爲樂器, 而不知其聲音及鼓之之法, 購國人能識其音而鼓之者, 厚賞. 時第二相王山岳, 存其本樣, 頗改易其制而造之, 兼製一百餘曲, 以奏之. 於時玄鶴來舞, 遂名玄鶴琴, 後但云玄琴. 『三國史記』卷32, 「雜志」

19 전호태, 2018, 『한류의 시작 고구려』, 세창미디어, 39~41쪽.

무용총 벽화의 '거문고 연주하는 선인'(중국 집안)

대 국악기의 거문고는 괘가 16개이다.

안악3호분과 태성리1호분에 묘사된 6현금의 금판 끄트머리에는 3현씩 둘로 나누어 감아 건 걸개가 보인다. 장천1호분 벽화에는 이 거문고 연주에 맞추어 춤추는 장면이 실감 있게 묘사되었다. 고구려에서 거문고 연주에 맞추어 긴 소매를 휘두르며 새처럼 날고 도는 아름다운 춤사위가 백성들 사이에 널리 알려졌음을 미루어 짐작할 수 있다.[20] 물론 이런 현금들이 오늘날 실물로 전하지는 않지만, 현대 국악에서 사용되는 거문고 특유의 음색은 고구려 백성들의 귀에도 그대로 들렸을

---

20 당나라 시인 이백은 고구려 춤을 감상한 뒤의 소감을 「高句麗」라는 시에서 다음과 같이 표현하였다. '깃털 모양 금장식 절풍모를 쓰고/ 흰색 무용신 신고 망설이는 듯하다가/ 삽시에 팔 휘저으며 훨훨 춤추니/ 새처럼 나래 펼치고 요동에서 날아왔구나. 金花折風帽 白馬小遲回 翩翩舞廣袖 似鳥海東來', 『全唐詩』 卷165.

무용총 벽화의 '거문고 연주하는 선인'(중국 집안)

것이다.

현대 국악기로 쓰이는 거문고는 현이 올라가는 위쪽 판은 오동나무로 만들고, 아래에 붙이는 판은 밤나무로 만들며 위판과 아래판 사이는 비워 둔다. 거문고의 몸통이 울림통 역할을 하게 하려 함이다. 거문고의 머리 쪽에는 대모라는 가죽을 붙여 술대가 복판에 부딪혀 부러지거나 잡음을 내지 않게 만든다. 짧은 술대는 대나무로 만드는데, 보통은 연필 정도의 굵기로 길이는 20cm가량이다. 연주하는 사람에 따라 선호하는 술대의 굵기와 길이가 달라지기도 한다.

거문고는 고구려 고분벽화에 등장하는 악기 가운데 출현 빈도가 높

거문고(국립민속박물관)

고, 특히 선인들이 즐겨 연주한 악기처럼 묘사된다. 역사적으로도 거문고는 왕실과 귀족들에게 사랑받은 악기여서 현재까지 전하는 옛 악보 가운데 대다수가 거문고 악보일 정도이다. 거문고는 고구려의 영향을 받은 신라에서도 널리 알려진 악기여서『삼국유사』의 '거문고 갑을 쏘라'는 일화의 주인공 소지마립간 때에는 이미 신라의 궁중에서도 연주되었던 듯하다.[21] 예산 수덕사에는 고려의 공민왕이 즐겨 연주했다는 거문고가 보관되어 있다고 한다. 이는 고려시대에도 많은 사람들이 거문고를 연주하거나 연주하는 소리에 귀를 기울였음을 시사한다.

---

21 『三國遺事』卷1,「紀異」1, 射琴匣條의 비처왕과『三國史記』의 소지마립간은 같은 인물이다.

5   요고를 치는 선인

　문헌 기록과 고분벽화를 아울러 확인할 수 있는 고구려의 타악기는 모두 13종으로 울림통을 두드려 소리를 내는 북 종류가 압도적으로 많다. 요고[장고], 제고, 담고, 귀두고, 철판, 건고[세운북], 현고[거는북], 마상고[말북], 개고, 도고[흔들북], 담종[메는 종], 요, 금고[쇠북] 가운데 제고, 귀두고, 철판은 문헌 기록으로만 전하는 악기이다.[22]

　받침 기둥에 올려놓고 연주하는 커다란 건고[세운북]는 동아시아의 전통적인 북 가운데 한 종류이다. 아마도 이런 형태의 북은 동아시아 너머 다른 지역에서도 자생적으로 만들어져 사용되었을 가능성이 크다. 고구려의 평양역전벽화분에도 건고가 그려졌는데, 북 위에 대를 올려 술로 장식된 덮개를 달았다.

　안악1호분 벽화에는 평양역전벽화분에 묘사된 것과 비슷한 형태의 현고[거는북]가 등장하는데, 북이 호선형으로 구부린 대 아래 달려 있고 좌우에는 기둥을 세워 상당히 넓은 공간을 차지하고 있다. 이런 북은 두 사람이 동시에 연주할 수도 있다.

　마상고[말북]는 말 머리 쪽에 설치하고 연주할 수 있는 작은 북으로 안악3호분 대행렬도의 악대 사이에 등장한다. 도고[흔들북]는 자루가

22　전호태, 2018, 『한류의 시작 고구려』, 세창미디어, 50쪽.

수산리벽화분 벽화의 '금고 연주하는 악사'(북한 남포)

달린 작은북으로 북 좌우에 끈을 달고 끝에 작은 구슬을 이어 둔 것으로, 자루를 손에 쥐고 흔들면 구슬이 북면을 두드리며 소리를 내게 만든 악기다. 약수리벽화분 행렬도의 악사가 말 위에서 흔들며 연주하는 악기가 이 도고다. 도고를 연주하는 악사는 덕흥리벽화분 벽화에도 보인다.

담종[메는종]은 금속으로 만든 타악기다. 안악3호분 대행렬도에는 종이 달린 대를 두 사람이 어깨에 걸고 걷는 동안 악사가 따라가면서 끝이 둥근 막대로 종을 두드려 연주하는 장면이 나온다. 이 악사가 연

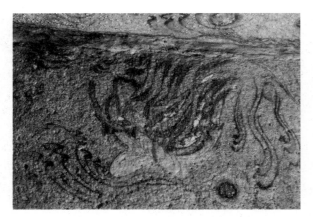

오회분4호묘 벽화의 '요고 치는 선인'(중국 집안)

주하는 악기가 담종이다. 요는 작은 종 형태의 악기로 거꾸로 들고 짧은 쇠막대를 두드려 연주한다. 안악3호분 대행렬도의 악대 사이에 요를 두드리며 연주하는 악사의 모습이 보인다.[23]

금속제 타악기 가운데 주목할 만한 것으로는 금고[쇠북]가 있다. 수산리벽화분에 묘사된 금고는 두 사람이 메고 가기에도 힘들 정도로 크다.[24] 벽화 속 금고는 좌우에 기둥이 있고 가운데 걸린 금고 위에는 넓은 덮개를 올린 것으로 실제 두 사람이 이 악기를 운반하면서 힘들어 하는 표정이 역력하다. 악사는 화려하게 장식된 금고의 뒤쪽에서 금고를 두드리면서 걸어가고 있음을 금고 아래로 보이는 두 다리로 알 수 있다.

이런 다양한 종류의 북과 종 가운데 역시 눈에 두드러지는 악기는

23 전호태, 2016, 『고구려 생활문화사 연구』, 서울대출판문화원, 242~243쪽.

24 전호태, 2018, 『한류의 시작 고구려』, 세창미디어, 56쪽.

요고[장고, 장구, 세요고(細腰鼓)]다. 요고는 가운데 잘록한 허리를 만들고 좌우에 북면을 넓게 펼친 다음 북 양면의 울림통 사이 허리 부분에 줄을 달아 허리에 매거나 목에 건 뒤, 춤을 추듯 몸을 움직이면서 왼쪽 북면은 채로 치고 오른쪽 북면은 손으로 살짝 두드려 소리를 내는 악기다. 오늘날 장고, 장구로 불리는 악기와 형태 및 연주법이 같다. 고구려 오회분4호묘 널방 천장고임에는 천인이 이 요고를 두드리며 하늘을 나는 모습이 묘사되어 있다. 천의 자락을 날리며 날아 내려오는 자세로 요고를 연주하는 천인의 모습은 몸에 걸친 금빛 천의로 말미암아 신비로운 하늘 세계의 부드럽고 리드미컬한 음악 소리가 귀에 들릴 듯한 느낌을 준다.

요고는 중앙아시아 일대에서 축제나 여러 가지 경사스러운 행사 때 비파, 피리와 함께 자주 등장하는 악기이다. 비파의 사례와 같이 이런 형태의 북도 중앙아시아 일대에서 주변 지역으로 전해지면서 많은 사람의 사랑을 받게 된 악기일 가능성이 크다. 오회분4호묘의 요고를 연주하는 천인의 얼굴이 호인(胡人) 형상인 것도 이 때문일 수 있다.

요고는 현대에도 거문고와 함께 가장 사랑받는 국악기의 하나다. 국악을 대표하는 춤사위 겸 연주가 장구춤이다. 장구춤은 부채춤과 함께 국내외적으로 가장 선호되는 종목이기도 하다. 여럿이 한 무대에서 펼쳐 보이는 거문고 합주와 장구춤은 고구려 이래, 오랜 역사와 전통을 자랑하는 K-Culture의 예술 종목으로 한류의 출발점에서 선 한국 문화 원형의 일부이기도 하다. 그런 점에서 고구려 오회분4호묘 벽화의 요고 치는 천인은 K-Culture 장구춤의 첫 주자로 보아도 될 듯하다.

6 천왕(天王)

고려의 문인 이규보(1168~1241)가 인용한 『구삼국사』「동명왕본기」에는 천제의 아들 해모수가 세상에 내려와 아침에는 정사(政事)를 돌보고 저물면 하늘로 올라가므로 세상에서 그를 '천왕랑(天王郎)'이라고 불렀다고 한다.[25] 하늘에서 땅까지의 거리가 이억 팔천만 칠백팔십 리라 했으니, 머리에는 오우관(烏羽冠)을 쓰고 허리에는 용광검(龍光劍)을 찬 해모수가 오룡거(五龍車)를 타고 하늘에서 내려올 때, 도대체 얼마나 시간이 걸렸을까? 달리 말이 없으니, 오룡거가 달리는 속도가 말 그대로 눈 깜짝할 새 만 리를 달려도 걸리는 시간이 만만치 않을 터이다. 빛의 속도가 아니면 감당하기 어려운 일이었다고 하겠다.

13세기 후반에 주로 활약한 이승휴(1224~1300)의 저서 『제왕운기(帝王韻紀)』에는 고구려의 시조 왕 주몽이 나라를 세운 뒤 하늘과 땅을 오가며 나라를 다스렸고, 왕이 탄 기린의 발굽이 조천석에 흔적을 남겼다고 전하고 있다.[26] 「동명왕본기」의 내용까지 아우르면, 아버지 해모수는 오룡거를 타고 땅과 하늘 사이를 오르내렸지만, 아들 주몽은 기

25　自古受命君. 何是非天賜. 白日下青冥. 從昔所未視. 朝居人世中. 暮反天宮裡. 朝則聽事. 暮即升天. 世謂之天王郎「東國李相國集」引『舊三國史』「東明王本紀」.

26　往來天上詣天政, 朝天石上麟蹄輕. 在位十九年九月, 升天不復迴雲軿.『帝王韻紀』卷下「高句麗紀」.

한 화상전 탁본 '용거 출행'(중국 사천 신도)

린을 타고 하늘과 땅을 오간 셈이 된다.

「동명왕본기」에 '이억 팔천만 운운' 하는 하늘과 땅의 거리를 생각하면 하늘 세계의 신들이 아니면 하늘과 땅을 오간다는 건 꿈도 꾸기 어려운 일이다. 그런 상상 너머의 거리를 오갈 수 있는 신과 그의 아들이 다스린 나라 고구려의 백성으로 산다는 게 얼마나 자랑스러운 일인가? 거의 쉬지 않고 동서남북을 오가며 강력한 적들을 제압하고, 땅을 넓히던 광개토대왕 시대의 고구려 사람들은 실제 하늘의 아들과 그 후손들이 왕으로 다스리는 나라에 산다는 느낌을 받았을 것이다.

왕이 신의 아들임을 주장하는 사례는 청동기시대 이래 아시아와 유럽의 국가에서 쉽게 찾아볼 수 있다. 감히 하늘 최고 주재자의 아들이라 주장하는 왕도 고대 문명 중심 지역의 국가에서는 찾아보기 어렵지 않다. 이집트의 파라오는 자신을 신의 화신으로 여겼고 사제들은 이를 사실이라며 보증했다.

고대 중국에서는 왕이 하늘의 아들이라는 주장을 왕을 가리키는 용어에 선언적으로 담았다. '천자(天子)'라는 용어가 그것이다. 물론 이때의 하늘은 관념적 대상이다. 천제라든가 하늘을 주재하는 신은 아니다. 한국의 가장 오랜 역사를 대변하는 고조선에서는 천제의 아들이 세상에 내려와 임금 노릇을 하다가 곰 여자와 결혼하여 낳은 아들 단군왕검이 정식으로 나라를 세운 것으로 설명한다. 여기서 한 걸음 더 나간 것이 고구려를 건국한 해모수의 아들 동명왕 주몽 이야기다.

고구려의 벽화고분 가운데 하나인 순천의 천왕지신총에는 널방 천장고임에 천왕과 지신, 천추 등이 나뉘어 그려졌는데, 일신양두(一身兩頭)인 지신(地神) 곁에 그려진 천왕은 난새를 타고 한 손에 번(幡)을 쥔 채 하늘을 날아가는 모습으로 묘사되었다.[27] 인물의 머리 위에 '천왕(天王)'이라는 묵서가 있어 정체를 알 수 있다. 5세기 중엽 축조된 것으로 보이는 천왕지신총이라는 무덤의 이름은 벽화로 남겨진 천왕과 지신으로 말미암아 붙었다. 천제의 아들인 해모수는 다섯 마리의 용이 끄는 수레, 곧 오룡거를 탔고, 해모수의 아들 주몽은 기린을 타고 다녔는데, 벽화의 천왕은 커다란 난새의 등에 탔다. 모두 하늘의 신이지만, 타고 있는 건 하늘과 땅을 오르내릴 수 있는 신비한 새와 짐승, 혹은 신비한 짐승들이 끄는 수레다. 5세기 고구려 사람들에게 천왕이라는 존재가 낯설지 않았음을 다시 한번 확인할 수 있다.

어떻게든 고구려를 굴복시키고 동북아시아까지 영토를 확장하거나, 영향력 아래 두려 했던 중국 당나라의 태종은 가장 껄끄럽던 상대인 고구려와 정면충돌하기에 앞서 주변의 다른 세력들을 먼저 무릎 꿇리는

---

27 전호태, 2020, 『고구려 벽화고분의 과거와 현재』, 성균관대출판부, 64쪽.

천왕지신총 벽화의 '천왕'(북한 순천)

일에 몰두하였다. 그런 상대 가운데 하나였던 북방 초원지대의 패자(霸者) 돌궐은 당나라의 압박을 이겨내지 못하고 굴복하였고, 당의 황제 태종에게 '천가한(天可汗)'이라는 칭호를 올렸다.[28] 한자로 명기하면 천왕이라는 뜻이다. 천왕이 된 당 태종 이세민도 또 다른 천왕의 나라 고구려는 끝내 무릎 꿇리지 못했다. 645년 시도된 당의 고구려 침입은 무위로 돌아갔고, 당 태종은 결국 꿈을 이루지 못하고 세상을 떠났다. 천왕랑 해모수, 그 아들 주몽이 세운 나라 동방의 패자 고구려를 제압하려 애썼지만, 서방의 패자 당은 힘에 부치는 일이라는 사실을 절감했던 듯하다.

---

28 630년 힐리가한을 사로잡음으로써 당과 설연타 동맹군의 동돌궐 정벌은 성공적으로 마무리되었다. 이 일을 계기로 돌궐의 군장들은 당 태종에게 돌궐 최고 군주를 일컫는 '천가한' 칭호를 올렸다. 당 태종은 스스로를 '황제천가한'이라 칭했다(夏四月丁酉, 御順天門, 軍吏執頡利以獻捷. 自是西北諸 蕃咸請上尊號爲「天可汗」『舊唐書』卷2, 「本紀」 3, 太宗下).

7 우주역사

5세기 중엽으로 편년되는 고구려 삼실총과 장천1호분 벽화에는 우주역사로 불릴 수 있는 거인들이 등장한다. 하늘을 받쳐 든 자세로 묘사된 이 인물들에 투사된 관념은 명백히 그리스신화의 아틀라스 같은 존재, 곧 우주적 힘을 지닌 거인이다. 고구려의 종교와 신앙을 언급한 문헌 기록에 보이지 않는 이런 신인들이 5세기 고분벽화에 모습을 보이는 전후 사정은 어떤 것일까.

372년 북중국 전진(前秦)에서 승려와 경문, 불상이 고구려에 전해지고, 오래지 않아 왕명으로 불교신앙이 장려되자 고구려에서는 귀족과 백성 사이에 불교신앙이 널리 믿어지게 된다. 이런 흐름에 힘을 보탠 이가 고국양왕의 뒤를 이어 왕위에 오른 광개토대왕이다. 광개토대왕은 이미 불교사원이 여럿 들어선 수도 국내성 외에 고구려 남쪽의 중심 도시 평양에도 9개의 절을 새로 짓게 함으로써 고구려 전역에 불교신앙이 확산하는 계기를 마련한다.[29] 당연히 국가적 차원의 지원을 받아 확산하는 불교신앙의 흐름에 힘입어 고구려 여러 도시에는 멀리 중앙아시아 지역에서 동북아시아의 중심 고구려까지 전법(傳法)의 길을 걸어온 서역 계통 승려들이 모습을 보이게 된다.

---

29 創九寺於平壤.『三國史記』卷18,「高句麗本紀」6, 廣開土王 2年 8月.

삼실총 벽화의 '우주역사'(중국 집안)

　5세기에 불교신앙을 더 상세히 전하러 동방의 큰 나라 고구려로 온
서역 승려들은 불교의 경전과 함께 서역에 전해진 서아시아와 인도의
예술적 조형과 관념도 가져왔다. 불교적 관념 속에 자연스레 녹아든
서아시아와 인도의 오랜 신화와 이에 바탕을 둔 미술과 문화가 서역
승려를 통해 동방의 승려와 장인에게 전해졌음은 물론이다. 5세기 중
엽에 제작된 고구려 고분벽화에 이런 사상적, 문화적 흐름의 과정이며
결과가 자연스레 담기게 된 것도 이 때문이다.

　동아시아에도 그리스신화의 아틀라스 같은 우주역사 관념이 없었
던 것은 아니다. 중국 신화 전설에서 언급되는 곤(鯤)이나 우강(禺彊)은
우주적 힘을 지닌 존재다. 기원전 2세기 중엽의 작품인 마왕퇴1호분
출토 백화(帛畫)에는 땅과 하늘의 세계를 짊어지고 있는 괴어(怪魚)와
역사(力士)가 등장한다. 남북조시대 북위의 석굴사원에는 주유(侏儒)로

불리는 역사가 등장하는데, 하늘 세계를 받치는 기둥 아래서 이를 받쳐 들기 위해 온 힘을 짜내고 있다.[30] 우주적 힘을 지닌 거인이 '하늘을 받쳐 든다', 혹은 '세계를 받친다.'는 관념은 고대사회가 공유하는 사고였음을 미루어 짐작할 수 있다.

그러나 이런 우주역사와 같은 존재를 조형적으로 표현해내는 것은 그런 관념에서 한 걸음 더 나가는 행위다. 막연히 어떤 관념이나 인식이 있는 것과 이것을 미술적으로 표현해내는 것은 일종의 문화적 비약이 있어야만 가능하기 때문이다. 서아시아와 인도에서는 비교적 이른 시기부터 이런 존재를 상정하고 미술적으로 표현해냈지만, 고대 한국에서는 그렇게 못했다. 삼국시대에 서방으로부터 불교문화를 수용하면서 이런 일도 가능해진 것이다.

천장고임 네 모서리에 층층이 묘사된 장천1호분의 역사나, 널방 벽마다 화면 가득히 그려진 삼실총의 역사는 고구려 사람들에게 알려진 서역인의 모습이다. 눈이 크고 코는 오뚝하며 턱과 볼에 구레나룻이 있다. 두 팔과 다리에서는 근육이 불룩거리고 가슴과 넓적다리는 우람하다. 반면에 허리는 잘록하다. 짊어진 하늘 세계의 무게를 견뎌내려 애쓰는 듯, 표정은 일그러졌고, 이는 앙다물었다. 두 발꿈치는 땅 아래로 밀려 내려가는 듯하고, 발가락은 들렸다.

삼실총과 장천1호분 역사가 보여주는 이런 생생한 표정과 자세를 고구려의 다른 고분벽화에서는 찾아보기 힘들다. 아마도 두 고분에 역사가 그려지던 5세기 중엽 즈음, 서역으로부터 전해진 새로운 불교미

---

30   전호태, 2020, 『중국인의 오브제』, 성균관대출판부, 52~55쪽.

장천1호분 벽화의 '우주역사'(중국 집안), 우주역사(아프가니스탄 핫다, 프랑스 기메박물관)

술과 관념 역시 날것 그대로였기 때문일 것이다.[31] 이는 입체적인 명암 표현에서 동아시아 전통 회화와는 차이를 보였던 서역식 회화 기법이 중국의 불교사원과 장인, 화단(畫壇)이라는 매개체를 거치지 않고 초원의 길을 통해 고구려에 바로 전해지면서 새로운 문화요소, 회화 기법 특유의 활력이 고분벽화에 그대로 반영되었기 때문일 가능성이 크다. 이런 점에서 장천1호분과 삼실총에 벽화로 그려진 우주역사는 외래의 문화요소가 새롭게 고구려에 전해질 때, 고구려 장인과 서역 출신 승려 화가가 어떻게 서로 협업하며 최고의 작품을 고분 안에 남길 수 있었는지 이해하게 하는 열쇠이기도 하다.

---

31 전호태, 2016, 『고구려 벽화고분』, 돌베개, 291~292쪽.

8 선계(仙界)

언제부터였던가. 사람들은 자신이 사는 세상과는 다른 세계를 꿈꾸고 찾기 시작했다. 처음엔 꿈이었고, 소망 정도였지만, 시간이 흐르면서 있다고 믿는 세상이 되고 구체적으로 그려지게 되었다. 물론 가기에 만만치는 않은, 사실상 갈 수 없는 곳이었어도 그곳에 사는 이도 있고, 살아서 그곳에 갔다는 사람 이야기도 돌았다.

선계는 동아시아에서 많은 사람들 사이에 이야기된 불사(不死)의 세계다. 세계의 고대사회에서 관념적으로 공유되던, 이 세상과는 다른 원리가 작동하는 세계, 이계(異界)다. 시간이 흐르지 않고, 모든 게 현재형이면서 부족함이 없는 세상, 늘 즐거운 마음으로 지낼 수 있는 곳, 그 무서운 세금도 없고, 전쟁과 아우성, 갈등과 충돌, 걱정과 고통이 없는 세계, 병으로 말미암아, 혹은 시간의 압박으로 말미암아 늙고 죽어야 하는 이 세상의 익숙한 풍경이 오히려 낯설어지는 그런 세상이 선계다.

고구려 강서대묘 널방 천장고임에는 한 선인이 크고 아름다운 새의 등에 올라 암산과 토산이 잘 어우러진 산봉우리들을 향해 날아가는 모습이 그려졌다. 아득히 먼 곳에 있어도 신비한 새의 등에 오르면 새의 날갯짓 몇 번으로 닿을 수도 있는 그런 산이다. 하늘에 닿을 듯이 솟은 나무들로 가려지고, 거대한 바윗덩어리 산봉우리 사이로 숨겨졌지만, 그곳은 아는 이들 누구나 살아서 닿고 싶어 하는 꿈의 공간이다.

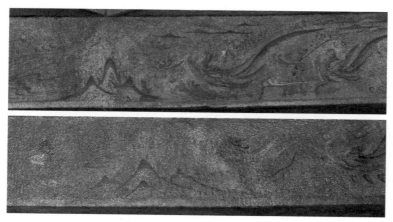

강서대묘 벽화의 '선계의 산'(북한 남포)

　선계는 중국의 위진남북조시대에 많은 이야기가 오가고, 책으로 쓰이고, 그림으로 그려진 세상이다. 하지만 그곳을 꿈꾸는 사람들의 믿거나 말거나 식 경험담은 이때보다 수백 년 앞선 진한(秦漢)시대 이전부터 세상에 널리 이야기되었다.[32] 진한시대에 유행한 선계 이야기의 주인공은 서왕모(西王母)다. 세상의 서쪽 끝 곤륜선계를 주관한다는 서왕모 이야기는 한대에 특히 유행하여 서왕모 신앙 운동으로 번지기도 했다.

　아래는 좁고 위는 넓어 보통 사람의 능력으로는 다다를 수 없는 그곳, 불사의 선계를 다스리는 서왕모는 본래 오형(五刑)을 주관하는 호치표미(虎齒彪尾)의 무서운 형상이었다. 하지만 시간이 흐르면서 30대의 아름다운 여인으로 이야기되며 제왕의 최고 로맨스 대상으로 정체

32　중국에서는 전국시대에 이미 신선을 말하는 方士들이 활동하였다(모종감, 2015, 『중국도교사-신선을 꿈꾼 사람들의 이야기』, 이봉호 역, 예문서원, 21~23쪽).

성의 변화를 겪는다. 위진남북조시대 중국의 호사가들이 지어낸 신선담 중심의 여러 책에서 서왕모는 주목왕(周穆王)의 연인이기도 하고, 한무제(漢武帝)와 사랑을 나누는 여인이기도 하다.[33]

서왕모가 주관하는 곤륜선계와 달리 복숭아꽃이 만발한 도화원(桃花源), 곧 무릉도원(武陵桃源)은 세상의 난리를 피해 들어온 사람들이 사는 꿈같은 세계다.[34] 진(秦) 때의 난리를 피해 왔다는 사람들은 세상에서 수백 년 세월이 흘렀지만, 시간이 멈춘 듯한 별세계에서 행복하게 살고 있다.

어부가 동굴 깊숙한 곳에서 찾았다는, 물길이 시작되는 산속 동굴 너머의 세상은 사람이 나는 어머니의 몸속 같은 곳이다. 아기집에서 자라는 새 생명은 난리도 모르고, 세금도 모르지 않는가. 걱정할 일 무엇 있으며, 병들어 죽어가는 낡은 몸을 본 적도 없지 않은가. 무릉도원 이야기는 일종의 비유이기도 하지만, 인간의 꿈을 말한다는 점에서 선계 이야기의 한 유형이라고도 할 수 있다.

고구려 감신총 벽화에는 서왕모의 곤륜선계가 묘사되었고, 강서대묘 벽화에는 삼신산(三神山)으로도 이야기될 수 있는 신선들의 세상이 그려졌다. 고구려 내리1호분 널방 천장고임에 묘사된 산봉우리들도 선계 소망과 관련된 표현일 가능성이 크다. 선계 소망이 중국뿐 아니

---

33 전호태, 2009, 『화상석 속의 신화와 역사』, 소와당, 27~36쪽.

34 무릉도원은 晉의 陶淵明이 지은 『桃花源記』에 언급된 뒤, 신선향, 이상향의 대명사가 되었다(晉太元中, 武陵人捕魚爲業. 緣溪行, 忘路之遠近. 忽逢桃花林, 夾岸數百步, 中無雜樹, 芳草鮮美, 落英繽紛. 漁人甚異之. 復前行, 欲窮其林(中略)自云先世避秦時亂, 率妻子邑人來此絶境, 不復出焉, 遂與外人間隔. 問今是何世, 乃不知有漢, 無論魏晉. 此人――爲具言所聞, 皆嘆惋. 餘人各復延至其家, 皆出酒食. 停數日, 辭去. 此中人語雲：「不足爲外人道也(下略)『桃花源記』).

내리1호분 벽화의 '산'(북한 평양)

라 삼국시대의 고구려 사람들 사이에도 공유되고, 내세를 표현한 벽화로도 풍경을 남겼다는 사실을 알 수 있다. 백제의 무왕이 부여 궁궐 남쪽 연못에 방장선산(方丈仙山)을 모방한 섬을 만들었다는 기사가 전하는 것도 백제 사람들의 선계 소망이 구체화된 사례로 이해할 수 있을 것이다.[35]

동아시아에 불교가 전해져 불교의 낙원인 정토(淨土)가 사람들 사이에 소망되면서 선계 관념이나 신선담은 이전만큼 크게 풍미하지 못하지만, 이후에도 오랜 기간 사람들의 뇌리에서 사라지지 않은 듯하다.

35　三月, 穿池於宮南, 引水二十餘里, 四岸植以楊柳, 水中築島嶼, 擬方丈仙山『三國史記』卷27, 「百濟本紀」5, 武王 35年.

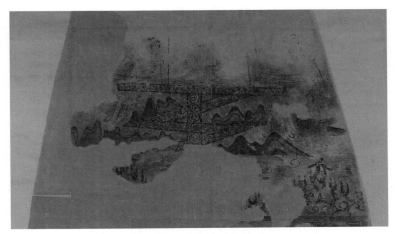

감신총벽화의 '서왕모와 곤륜선계'(북한 남포)

중국의 경우, 도교가 정립되어 민간에 널리 퍼지면서 선계가 도교적 이상세계로 묘사되며 명맥을 유지한 것으로 보인다. 산악 국가인 한국에서는 선계 인식이 민간 신앙의 한 유형으로 남게 된 듯하다. 근래까지 구비 전승으로나마 선계가 사람들의 입에 여전히 오르내린 것도 이 때문이 아닐까.

9　불사약(不死藥)

　　고구려의 오회분4호묘 벽화에는 손에 받쳐 든 붉은 약이 가득 든 사발을 미소 띤 얼굴로 바라보며 하늘을 나는 인물이 등장한다. 몸에 걸친 옷의 끝자락이 금빛 띠처럼 날리고 주변에는 상서로운 구름이 흐르고 별이 빛난다. 주변에 백학이나 용을 타고 나는 사람들이 있지만, 이 인물은 날개도 없이, 학이나 용을 타지도 않고 하늘을 난다. 말 그대로 도력(道力)이 높은 선인인 것이다.

　　남두육성과 함께 그려진 고구려 고분벽화의 또 한 선인은 푸른빛 공

오회분4호묘 벽화의 '단약을 든 선인'(중국 집안)

작을 타고 하늘을 날고 있는데, 두 손으로 붉은 약사발을 받쳐 들고 있다. 머리에는 덮개 장식이 위로 높이 솟은 모자를 썼는데, 별자리 맞은편의 다른 선인은 마치 이 선인을 기다리는 듯한 표정이다. 이 선인의 몸에서는 천의(天衣)에 둘러진 금빛 띠들이 뒤로 날리고 있다. 선인 둘레로 상서로운 기운이 흐른다.

두 선인이 손에 받쳐 든 검은 사발 안의 붉은 액체가 위진남북조 시기의 중국 신선가들이 너나없이 입에 담고 글로 쓰던 단약(丹藥)임은 되물을 필요가 없다. 진의 갈홍(葛洪)은 『포박자(抱朴子)』에서 '신령스러운 단약을 복용하면 사람의 수명이 무궁해 천지와 더불어 영원히 계속되는 데다가 구름을 타고 용을 몰아 하늘을 오르내릴 수 있다.'고 밝혔다.[36] 바로 이 단약이 담긴 사발을 고구려 벽화의 선인들이 손에 들고 있는 것이다.

한때 동아시아를 풍미했던 불사약 단약의 주재료는 단사(丹砂)이다. 중금속인 유화수은이 주성분인 단사를 다른 재료들과 함께 가마에 넣고 끓여 만들어내려고 했던 단약은 실제 소량이라도 복용하면 중금속 중독 상태에 빠진다. 하지만 이런 성분에 대한 지식이 부족했던 위진남북조 시기 중국의 신선가들은 이런 약을 만들어내기 위해 천금(千金)을 아끼지 않았다. 불사약인 단약을 제조하는 데에는 단사 외에 운모와 납 등도 재료로 쓰였는데, 모두 인체에는 유익하지 못한 물질들이다.

불사약은 이미 진한시대부터 세간에 큰 관심을 모았다. 진시황이 방사들의 말을 믿고 이를 구하기 위해 많은 사람을 동해 가운데에 있

---

36 服神丹 令人壽無窮 已與天地相畢 乘雲駕龍 上下太淸 『抱朴子, 內篇』 卷4,「金丹」.

다는 삼신산으로 보내면서 불사약이 있다는 믿음은 사람들 사이에 사실처럼 여겨졌다. 삼신산의 신선들은 모두 불사약을 먹은 이들이라는 소문, 곤륜산 서왕모의 석실에는 불사약 만드는 비법을 적은 서적이 있다는 이야기가 백성들 사이에 널리 유포되었다.[37]

한의 회남왕(淮南王) 유안(劉晏)이 단약을 만드는 데 성공하여 팔공(八公)과 함께 이를 먹고 한낮에 승천하였으며, 개와 닭도 솥에 남았던 단약을 핥아먹고 하늘에 올라가 짖기도 하고 울기도 했다는 이야기는 세간에 널리 퍼진 가장 유명한 승선담(昇仙談)이었다.[38] 한(漢)의 유향(劉向)이 지은 『열선전(列仙傳)』은 장생불사(長生不死)를 이룬 70인의 선인의 행적을 이야기체로 정리한 것이다. 신선이 되는 온갖 방법과 실제 사례를 제시한 이 책의 영향을 받아 위진남북조시대 중국에서는 다양한 신선담, 혹은 신선들의 전기를 모은 책이 세상에 모습을 보이게 된다.

『사기(史記)』에 의하면 발해 한가운데 있다는 삼신산은 세상에서 그리 멀지 않은 듯해도 다다를 수 없는 곳이다.[39] 다다랐다고 생각하는 순간 바람이 불어 배를 멀리 떠나보내므로 닿을 듯 닿을 수 없는 곳이 바로 이 삼신산이다. 어찌어찌 가 본 사람의 이야기로는 신선들

37　전호태, 2009, 『화상석 속의 신화와 역사』, 소와당, 144~152쪽.

38　八公謂王曰：「伍被人臣, 而誣其主, 天必誅之, 王可去矣. 此亦天遣王耳, 君無此事, 日復一日, 人間豈可舍哉？」乃取鼎煮藥, 使王服之, 骨肉近三百余人, 同日升天, 雞犬舐藥器者, 亦同飛去. 『神仙傳』卷6,「淮南王」.

39　此三神山者 其傳在渤海中 去人不遠 患且至 則船風引而去 蓋嘗有至者 諸僊人及不死之藥皆在焉 其物禽獸盡白 而黃金銀爲宮闕 未至 望至如雲 及到三神山反居水下 臨之 風輒引去 終莫能至云 『史記』「封禪書」.

한 화상석의 '서왕모와 불사약 제조'(중국 섬서 수덕)

과 불사약이 이 산에 있으며, 궁궐이 있는데 황금과 은으로 지어졌다는 것이다. 그러나 닿았다는 순간 물 아래 비쳐 보일 뿐이라는 이곳에 누가 다녀왔겠는가.

이 삼신산 이야기처럼 불사약은 소망 속의 신비한 약일 뿐, 실제 만들 수는 없는 것이었다. 이런 까닭에 상상력에 바탕을 둔 이야기만 사람들의 입에 오르내렸다. 중국 한대에 유행한 화상석에 불사약을 찧는 옥토끼와 두꺼비가 자주 등장하는 것도 이룰 수 없는 소망을 역설적으로 표현한 것이라고 할 수 있다.

고구려 고분벽화에 등장하는 단약 사발이 하늘을 나는 선인 손에 들려 있는 것도 이와 마찬가지라고 해야 할 것이다. 해와 달, 별이 빛나고, 신과 선인들이 상서로운 구름과 하늘의 나무 사이에서 모습을 드러내는 공간이 아니면, 불사의 단약 사발은 구경조차 할 수 없는 것 아닌가. 고구려 사람들의 생각도 여기에 닿아 있는 게 아닐까.

신선

불사를 이뤘다며
구름과 비로 옷 삼는다는 그가
굳이
누더기옷 걸치고
마을 길 들어서는 건
외로워서다

늙지 않으려 옥 먹고
생명 기운으로 온몸 채운다는 그가
슬그머니
잔칫집 마당 찾아와
술상 받는 건
말 나눌 이 없어서다

옥녀

옥을 깎아 만들었다니요
사람이에요
부드러운 피부 안에서
생명이 숨 쉽니다

인형이라니요
사람이에요
입가의 미소로도
따뜻한 마음을 드러냅니다

꽃 같다니요
사람이에요
향 맡으려는 남정네 피해
하늘길로만 다닙니다

불사

불사를 꿈꾸더니
잠 자다 선계로 갔다
몸은 남고
혼만 갔다

불사 타령하더니
원을 이루었다
온몸이 검어지더니
밤사이 하늘로 떠났다

안 죽고 갈 수 있다더니
그대로 되었다
조각 배 타고 떠난 뒤
소식이 없다

선계

바닥없는 강이 둘러
깃털도 빠뜨린단다
새도 날아서
건너지 못한다는
거기

세상의 끝이라더니
천리마로 천 날 달려도
여전히 아득한
거기

혼이 되어 닿은 아무개
닭도 보고 개도 보지만
산 몸이 아니니
누릴 수가 없네
하릴없이 선문 나오며
한 마디 툭
선계는 개뿔
잘 먹고 잘살아라

4장

신비한 새와 짐승

동아시아에서 음양오행설이 일반화한 뒤, 음과 양이 공존하거나 쌍으로
존재하는 건 상식으로 여겨졌다. 사신(四神) 가운데 청룡과 백호가 각각
음과 양을 대표하여 서로 대(對)를 이루고, 주작은 암수가 마주 보아
음양의 균형을 이루는 게 그런 사례이다.

1   지축(地軸)

동아시아에서 음양오행설이 일반화한 뒤, 음과 양이 공존하거나 쌍으로 존재하는 건 상식으로 여겨졌다. 사신(四神) 가운데 청룡과 백호가 각각 음과 양을 대표하여 서로 대(對)를 이루고, 주작은 암수가 마주보아 음양의 균형을 이루는 게 그런 사례이다.[1] 북방의 수호신 현무는 뱀과 거북이 한 몸 되듯이 서로를 얽고 교미하며 음과 양의 균형, 조화를 이루어낸다. 이런 암수의 동물이 하나로 얽어지는 정도를 넘어 완전히 하나된 극한의 사례가 일신양두(一身兩頭)의 지축이다.

지축은 말 그대로 땅의 축, 세상이 흔들리지 않게 하는 땅의 기둥을 가리킨다. 고구려 덕흥리벽화분 벽화의 지축은 이런 상상 속 존재를 생명체의 모습으로 형상화하면서 별의 정령으로 자리매김한 특별한 사례이다.[2] 아마도 땅에 있는 모든 것이 하늘에서 비롯되거나, 하늘 세계 움직임에 영향받아 땅의 세계가 운행된다는 관념이 이런 존재를 그림으로 그리게 했을 것이다.

벽화로 그려진 지축은 파충류의 몸 양 끝에 사람의 머리가 달려 있다. 양 끝의 사람 머리 둘은 각각 남녀, 암수, 음양을 가리키므로 지축

---

1 전호태, 2000, 『고구려 고분벽화 연구』, 사계절, 314쪽.
2 전호태, 2008, 『고구려 고분벽화 읽기』, 서울대출판부, 126~127쪽.

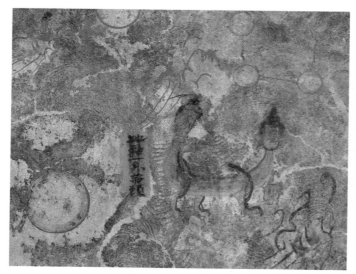

덕흥리벽화분 벽화의 '지축'(북한 남포)

은 암수가 한 몸에 있어 음양 조화가 완전히 구현된 경우라고 할 수 있다. 이렇듯 암수가 한 몸이면 그 외의 존재가 필요하지 않으므로 그 자신이 우주 질서의 조화로운 상태를 나타내게 된다.

덕흥리벽화분보다 늦은 시기의 작품인 천왕지신총 벽화에는 지신(地神)이 그려졌는데, 지축의 사례와 같이 일신양두의 파충류 모습이다. 실제 이 파충류 짐승의 형상에 투사된 관념은 머리가 둘인 용(龍)일 것이다. 사람 머리의 짐승으로 형상화된다는 점에서 지신은 온전한 사람으로 그려지는 고대 후기의 신(神)이 아니라 선사시대부터 고대 전기에 걸쳐 유행한 하이브리드 신 관념에서 비롯된 신임에 틀림없다. 동아시아에서 음양오행설이 제시되어 널리 퍼지기 이전에 이미 형상화되고, 믿어지던 신인 것이다.

천왕지신총 벽화의 '지신'(북한 순천), 한 화상석 탁본의 '개명수'(중국 산동 가상 화림촌 출토)

중근동 신석기시대 유적 출토 유물에서 확인할 수 있듯이 신을 상정하고 믿기 시작하던 시기의 사람들은 짐승과 사람의 특징이 뒤섞인 모습의 신, 여성 형상의 신을 동시에 그리거나, 조소 작품으로 만들었다. 이런 신들을 주거지의 한쪽에 모셔두고 제의를 치르다가, 종내에는 신전과 사당을 따로 지은 뒤 이곳에 신상을 모셨다. 물론 이런 단계가 되면 신전과 사당에 머물며 제의를 준비하고 치르는 종교 전문직, 곧 사제도 생겨나게 마련이다.

고대 이집트와 메소포타미아에서 숭배되던 짐승의 머리에 사람 몸인 신들은 인간이 자연 만물이 운행되는 원리와 자연현상, 상상 속의 세계를 형상화한 것이다. 각각의 짐승 머리는 그런 짐승에 투사된 원리, 현상, 관념이다. 아누비스라는 자칼 머리의 신은 죽은 자의 영혼을 죽음의 세계로 인도하고, 따오기 머리의 신 토트는 지식, 곧 문자와 시간, 달을 관장하는 존재다. 달이 차고 이지러지는 과정을 관측하여 달력을 만드는 데서 비롯된 시간관념과 이를 기록하여 공유하기 위해 발명한 문자의 역사를 고려하면 이런 지식의 전개 과정을 관장하는 따오기 신 토트에 투사된 관념과 이의 형상화 과정은 극히 자연스럽고 논리적임을 알 수 있다. 잘 알려진 것처럼 따오기는 대형 철새의 한 종이다. 아프리카검은따오기는 철에 따라 적도 쪽으로 내려갔다가 이집트의 나일강 유역으로 되돌아오는 새다.

아마도 동아시아에서 신석기시대부터 형상화되고 믿어졌을 지신은 여와를 비롯한 창조시대의 최초 신들처럼 사람 머리의 용이거나, 온전한 용으로 형상화되고 믿어졌을 가능성이 크다. 사람 머리의 새나 짐승 머리의 사람 모습을 한 신이나 정령과 달리 동아시아에서 용의 몸을 지닌 신으로 묘사되던 존재는 역사시대에도 변함없이 사람 머리에 용의 몸 형상으로 그려진다. 지신 역시 그런 신들 가운데 하나였을 것이다.

그러던 용신들 가운데 하나인 지신이 어느 순간 음양오행설의 영향을 받아 양쪽 끝에 사람 머리가 달린 새로운 형상으로 표현되기 시작한 것이다. 여기에 땅의 중심, 곧 지축으로 기능한다는 관념이 강하게 더해지면서 덕흥리벽화분의 벽화처럼 별의 정령으로도 그려진 것이 아닐까? 물론 고구려 고분벽화에 별의 정령으로 그려진 일신양두의 지축이 같은 시기 동아시아의 다른 지역 미술 작품에는 보이지 않는다. 이는 고구려를 비롯한 삼국시대의 동방세계와 중국을 중심으로 한 동아시아의 다른 지역은 종교신앙과 미술 문화의 흐름도 갈래가 달랐기 때문일 것이다.

2 불새

408년 묵서묘지명이 있는 덕흥리벽화분에는 불새가 한 마리 그려졌다. 불새 곁의 묵서명에 '양수지조 이화이행(陽燧之鳥 履火而行), 양수라는 새가 불을 밟고 간다'라고 쓰여 있고 새는 두 발로 불을 밟은 채 나래를 펴고 있다.[3] 그림과 묵서를 함께 살펴보면 이 새가 때가 되면 자신을 불태워 재생한다는 불새임이 확실하다.

선사시대부터 새는 인간의 상상력을 자극했다. 아시아와 유럽의 경우, 겨울에 찾아와 봄에 떠나는 철새는 인간의 세상과 신의 세계를 이어주는 하늘의 사자로 믿어졌고, 동물의 사체를 먹으려 떼로 모였다가 흩어지는 커다란 새는 죽음의 사자로 여겼다. 새는 종교적 의미를 띠는 디자인 과정에서 가장 선호하는 제재였고, 금기나 징조의 상징으로 받아들여졌다.

고대 한국의 경우, 고구려 사람들은 새의 날갯짓을 본뜬 춤을 추었고, 신라와 가야 사람들은 청동오리를 모델로 삼은 오리 모양 토기를 만들고 여기에 종교적 의미를 부여했다. 삼국시대 이전 변진(弁辰) 사람들은 관 위에 큰 새의 깃털을 올려 죽은 이의 영혼이 조상신의 세계

---

3 전호태, 2016, 『고구려 벽화고분』, 돌베개, 88쪽.

농경문청동기에 새겨진 '솟대 위의 새'(국립중앙박물관)

로 잘 인도 받기를 기원했다.[4] 마한(馬韓) 사람들은 솟대 위에 새를 올려 그들의 기도가 새를 통해 하늘에 닿기를, 신에게 전해지기를 빌었다.[5]

　서아시아나 유럽도 마찬가지이지만, 동아시아에서 새는 하늘, 생명, 내세, 자연현상과 관련된 다양한 관념의 원천이었다. 고대 중국인이 상상했던 대붕(大鵬)은 하늘을 덮을 만큼 커서 한 번의 날갯짓으로 구만 리를 날았다.[6] 1만 9천리 거리에 떨어져 살았다는 동왕공과 서왕모

4　以大鳥羽送死, 其意欲使死者飛揚『三國志』魏書 卷30,「東夷傳」韓.

5　信鬼神, 國邑各立一人主祭天神, 名之天君 又諸國各有別邑, 名之爲蘇塗 立大木 縣鈴鼓, 事鬼神. 諸亡逃至其中, 皆不還之, 好作賊. 其立蘇塗之義, 有似浮屠, 而所行善惡有異『三國志』卷30,「魏書」烏桓·鮮卑·東夷傳30, 韓.

6　莊子「逍遙遊」에 소개된 우화 속 대붕의 다른 모델이『神異經』에 언급된 稀有라는 큰 새이다(崑崙之山有銅柱焉 其高入天 所謂天柱也 圍三千里 周圓如削 下有回屋 方百丈 仙人九部治之 上有大鳥 名曰希有 南向 張左翼復東王公 右翼復西王母 背上小處無羽一萬九千里 西王母峯登翼相會東王公 … 其鳥名曰 有鳥稀有 綠赤煌煌 不鳴不食 東覆東王公 西覆西王母 王母慾東 登之自

덕흥리벽화분 벽화의 '불새'(북한 남포)

도 서로 만나려면 대붕의 등에 타는 게 좋았으리라. 대붕이 한 번 날갯
짓하기도 전에 서로를 볼 수 있었을 테니까.

번개의 이미지를 형상화한 결과가 용이라는 이야기가 있듯이, 대붕
은 태풍의 이미지에서 비롯되었다는 설이 있다. 실제 대붕과 이어질
수 있는 봉황(鳳凰)의 봉은 수컷, 황은 암컷을 뜻하는데, 중국인의 발음
에서 풍(風)과 봉은 다르지 않다. 큰 비와 바람을 한꺼번에 몰고 오는
태풍에서 비롯된 상상 속의 신비한 새가 봉황이라는 것이다.

우주적 방위신인 사신 가운데 남쪽의 방위신인 주작(朱雀)은 봉황

通 陰陽相須 惟會盃工『水經注』卷一,「河水」所引『神異經』「中荒經」).

에서 비롯된 상상 속의 존재이다. 오행설에서 남쪽을 의미하므로 붉은색 안료 위주로 채색되는 주작은 공작의 이미지를 빌려 그려진다. 고구려 고분벽화의 경우, 주작이나 봉황, 세발까마귀 모두 볏의 형상은 공작의 그것과 다르지 않다.

붉은색은 남쪽을 가리키지만, 불의 이미지와 닿아 있는 색이다. 모든 것을 불태우는 불은 더러운 것을 정화하는 역할도 한다. 그런 점에서 불은 남은 것, 쓸모없는 것을 태워 새롭게, 다시 시작하게 하는 기능, 혹은 이미지의 상징이기도 하다.

동아시아의 민속에는 새해를 맞을 때, 한 해 동안 사용하던 사당과 신전의 금줄과 종이로 만든 부적류의 상징물들을 새것으로 바꾸는 관습이 있다. 이때 이전의 것들은 모두 불태운다. 어떤 면에서 이는 불태워 제가 있어야 할 곳, 본래의 자리로 되돌아가게 한다는 의미도 지니는데, 이런 면에서 불은 모든 것을 원래의 자리로 돌려보내는 기능을 지닌다고 할 수 있다.

이런 불의 이미지와 기능을 새라는 종교신앙의 대상과 결합하면 불새라는 새로운 생명체가 상상 속에서 태어날 수 있다. 영원한 생명을 누리는, 천 년에 한 번 스스로 불타 새 생명이 될 수 있는 불새. 이런 불새가 존재한다는 상상을 바탕으로 새로운 관념의 출현을 시도하는 것도 가능해진다.

덕흥리 고분벽화의 하늘에 불새가 출현한 것은 고구려 사람들 사이에 불새에 대한 관념과 신앙이 상당히 보편적이었기 때문일 수 있다. 어쩌면 불새 관념은 고구려뿐 아니라 삼국시대의 백제나 신라에도 있었을 가능성이 작지 않다. 중국의 신화 전설에서 동방과 관련된 이야기에 새, 혹은 새와 관련 있는 신과 정령들이 자주 나타나는 것을 감안하면, 고대 한국에 불새 관념을 포함한 새와 관련된 다양한 신앙과 민속이 널리 퍼져 있었을 가능성은 충분히 고려할 만하다. 그렇지 않고야 불새가 별자리의 하나로 자리 잡아 형상화되어 남을 수 있겠는가.

3　사람 머리의 새

　그리스신화의 한 꼭지인 이카루스 이야기로도 알 수 있듯이 인간의 가장 오랜 꿈 가운데 하나는 나는 것이다. 새처럼 하늘을 나는 것. 닿을 수 없는 듯이 보이는 높은 산, 눈으로 덮인 흰 산의 꼭대기까지 날갯짓 몇 번으로 이르는 게 이루지 못하던 인간의 꿈이었다.

　고구려 초기 고분벽화에는 사람 머리의 새가 여러 차례 나온다. 천추와 만세처럼 이름이 알려진 것도 있고, 그렇지 않은 것도 있다. 아시아와 유럽의 오랜 신화와 미술 작품에도 자주 등장하는 사람 머리의 새

덕흥리벽화분 벽화의 '사람 머리의 새 하조'(북한 남포)

도 마음껏 하늘을 날아다니기 원하는 인간의 오랜 욕망과 관련이 있다.

자연에 대한 신화적 사고와 이해의 표현이기도 한 기서(奇書)『산해경』에는 사람 머리의 새와 짐승이 자주 등장한다. 이 가운데 상당수는 동방세계의 산과 바다에 산다고 알려진 것들이다. 비록 잡아먹으면 특별한 효험을 본다는 설명이 덧붙었지만, 본래 이 기이한 생명체들은 신이거나 정령이었을 것이다.[7] 이것은 그리스와 로마신화의 사람 머리의 새들이 사악하거나 위험한 존재로 묘사된 것과 비슷하다.

짐승 머리 사람 몸의 신들이 시간이 흐르면서 인간 모습의 신이 된 것과 다르게 사람 머리의 새는 신에서 짐승으로의 퇴화 과정을 보여주는 사례라고 할 수 있다. 본래 신적 능력을 지녔거나 신이었지만, 점차 짐승에 가까워지고 있는 경우이다. 이런 까닭에 사람 머리의 새들은 사람보다 못한 존재로 묘사되는 게 일반적이다.『산해경』에서 이런 새들의 상당수가 영약으로 쓰일 수 있는 생명체로 그려지는 것도 이 때문이다.

중국 한나라 때에 유행한 화상석에는 등에 날개 달린 사람들이 자주 모습을 보인다. 이른바 우인(羽人)이다. 이들 우인 대다수는 신이 아니라 신을 위해 여러 가지 일을 하는 신계의 심부름꾼이거나, 선계의 하인들이다.[8] 때로 우인들은 봉새와 같은 신비한 생명체에게 옥(玉)과 같은 먹거리를 가져다주기도 하고, 신계나 신선계의 약초 정원을 돌보기도 한다. 불사의 존재에게 가져다드릴 영지(靈芝)와 같은 음식 재료를

---

7 전호태, 2008,『고구려 고분벽화 읽기』, 서울대출판부, 135쪽.

8 전호태, 2009,『화상석 속의 신화와 역사』, 소와당, 94~95쪽.

채취하거나 생육 상태를 살펴보는 일도 한다. 여러 종류의 기이한 짐승과 새를 돌보는 일도 우인들이 할 일이다. 이런 일들로 정신없이 하루를 보내다 짬이 나면 자기들끼리 모여 육박(六博)과 같은 게임을 두며 잠시 망중한(忙中閑)의 시간을 보내기도 한다. 잘 알려졌듯이 육박은 우주의 운행 원리를 바탕으로 창안한 게임으로 한나라 때까지는 사대부들도 즐겼던 놀이의 하나다.

화상석에 우인들이 묘사될 때, 사람 머리의 새는 잘 보이지 않는다. 하지만 시간이 더 흐른 뒤 우인들이 조금씩 모습을 감출 때, 대신 모습을 보이는 기이한 존재들 가운데 하나가 사람 머리의 새, 혹은 짐승 머리의 새다. 물론 한나라 이전에 쓰인 책으로 알려진 『산해경』에 사람 머리의 새가 여럿 소개된다. 그러나 『산해경』이 한나라 이후에도 몇 차례 더 필사되면서 내용이 가감된 점을 고려하면, 우인에게서 사람 머리 새의 더 고전적인 모습을 읽어낸다고 해서 이상하게 볼 필요는 없

한 화상석 탁본의 '온갖 일로 바쁜 우인'(중국 산동 가상 무영사)

다는 생각이 든다. 어쩌면 우인으로 묘사된 신인의 퇴화된 모습의 하나가 사람 머리의 새일 수도 있는 것이다.

5세기 초의 작품인 고구려 덕흥리벽화분 뿐만 아니라 5세기 중반 작품인 무용총이나 삼실총 벽화에 보이는 사람 머리의 새는 중국에서 진행된『산해경』방식의 인식, 곧 영약으로 보려는 사고와는 다른 존재로 이해되고 있다는 점에서 눈여겨볼 필요가 있다. 덕흥리벽화분의 앞방 천장 벽화로 잘 알 수 있듯이 고구려에서 이런 기이한 존재는 하늘 별, 혹은 별자리의 화신이기 때문이다. 중국과 달리 고구려에서는 사람 머리의 새에 신앙 대상으로서의 위상과 의미가 여전히 부여되고 있는 셈이다.

사람 머리의 새 경우처럼, 도상적으로 큰 차이가 없다고 하더라도 문화권에 따라, 시대적 상황과 사상적 흐름에 따라 그런 존재에 대한 인식과 이해는 하나같지 않다. 한쪽에서는 특별한 의미가 부여되지 않는 동식물로 취급되지만, 다른 한쪽에서는 축복과 행운의 상징일 수 있고, 심지어 신앙 대상으로까지 높여질 수도 있다. 중국에서 이미 잡아서 달여 먹으면 효험 좋은 영약 정도로 취급받던 생명체가 고구려에서는 복을 가져다주는 귀한 존재로, 나아가 복을 비는 대상으로까지 여겨진 사람 머리의 새도 그런 사례에 해당한다. 한나라 이후 남북조에 이르기까지 중국에서 진행된 기이한 생명체에 대한 인식과 고구려를 비롯한 동방 왕국의 백성들이 지니고 있던, 이런 존재에 대한 이해의 차이는 중국과 한국, 동아시아 두 지역 문화권이 갈래가 다름을 보여주는 또 다른 사례라고 할 수도 있다.

4   기린(麒麟)과 천마(天馬)

고구려 안악1호분 벽화에는 기이한 새와 짐승이 여럿 그려졌다. 사람 머리의 짐승이며 날개 달린 물고기, 날개 달린 말, 날개 달린 사슴 비슷한 짐승도 있다. 날개 달린 말은 한눈에 천마임을 알아볼 수 있지만, 날개 달린 다른 짐승은 언뜻 보기에 정체가 불분명하다. 이 짐승은 어떤 존재일까?

힌트는 짐승의 머리에 돋은 방망이 모양의 뿔 하나다. 사슴을 연상케 하는 형상이지만 짐승의 머리에 돋은 뿔은 이 짐승이 서아시아의 신비한 생명체 '유니콘'일 가능성을 염두에 두게 한다. 동아시아의 동쪽 끝, 고구려의 4세기 고분벽화에 모습을 보인 이 짐승은 서아시아의 유니콘 관념과 조형에서 비롯된 '기린'이다.[9]

중국의 신화 전설에 나오는 기린은 태평성대(太平聖代)가 되었음을 상징한다. 성인이 나서 다스리는 세상이 되었음을 알리는 신비한 동물이 기린이다. 기(麒)는 수컷이고, 린(麟)은 암컷이니, 화상석이나 고분벽화에 기린은 한 쌍이 그려져야 한다. 하지만 실제로는 안악1호분 벽화에서처럼 한 마리만 묘사되는 사례도 자주 있다.

고구려의 장천1호분 벽화에서 기린은 한 쌍의 주작과 함께 두 마리

---

9 전호태, 2004, 『벽화여, 고구려를 말하라』, 사계절, 162~163쪽.

안악1호분 벽화의 '기린'(북한 안악)

가 그려진다. 이때의 기린은 사령(四靈), 혹은 오령(五靈) 관념의 표현
이라고 할 수 있다. 사령은 네 가지 신비한 동물로 기린, 청룡, 주작, 현
무 혹은 청룡, 백호, 주작, 현무이고, 오령은 청룡, 주작, 기린, 백호, 현
무이다.[10] 장천1호분 벽화에 기린과 주작이 한 화면에 그려지고 청룡,
백호는 묘사되었으나 현무가 생략된 건, 오령 관념이 수용되지 않았거
나, 자리 잡지 못했음을 의미한다.

　유니콘이라는 관념과 조합된, 혹은 유니콘이라는 신비한 동물에 대
한 인식에서 비롯된 기린은 외뿔의 말로 묘사되어야 한다. 그러나 고
분벽화나 화상석에서 기린은 말 형상으로도 그려지고, 사슴 형상으로
도 표현된다. 이른 시기의 고분벽화나 화상석에서 기린은 날개가 달린

10　전호태, 2007, 『중국 화상석과 고분벽화 연구』, 솔, 235쪽.

삼실총 벽화의 '기린'(중국 집안)

짐승으로 묘사되지만, 시대가 내려오는 미술 작품에서 기린은 날개가 달리지 않은 짐승으로 그려지는 사례도 적지 않다.

고구려 벽화고분에 자주 표현된 기린은 사슴 형상도 있고, 말 형상도 있다. 그러나 신라 고분 출토 장니 등에 그려진 기린은 대개 말 형상이다. 유명한 경주의 신라 천마총 출토 말다래 등에 묘사된 기린과 천마는 모두 말 형상이고[11], 세부적인 표현에서는 고구려 삼실총의 기린과 조형적 기원이 같다고 볼 수 있다.

기린과 달리 천마는 머리에 뿔이 달려 있지 않다. 천마 역시 기린처럼 상상 속의 동물이다. 하지만 현실의 말이 모델이므로 실제 말처럼

---

11 세간의 논쟁과 달리 경주 천마총 출토 유물에는 기린과 말이 모두 나온다(신라능묘특별전3, '천마총' 도록, 국립경주박물관, 2014, 『天馬, 다시 날다』 참조).

안악1호분 벽화의 '천마'(북한 안악)

덕흥리벽화분 벽화의 '천마'(북한 남포)

묘사하는 게 일반적이다. 그러나 경주 천마총 장니에 묘사된 기린 모습의 천마, 천마 이미지의 기린처럼 신비한 이미지를 강조하기 위해 입에서 상서로운 기운이 뿜어 나오고 몸에도 초승달 모양의 무늬를 넣어 현실 세계의 말과는 다른 생명체임을 나타내기도 한다.

고구려의 안악1호분에 벽화로 그려진 천마는 등에 날개가 달려 있다. 이는 천마임을 나타내기 위한 기본 장치라고 볼 수 있다. 하늘을 날아다니는 말이라는 개념은 현실 세계의 말에 투사된 신화적 관념의 결과이기 때문이다. 물론 같은 천마라고 해도 덕흥리벽화분에서 천마는 날개 없이 하늘을 나는 존재로 그려진다.

말은 다른 동물에 비해 문명세계의 삶에서 지니는 비중이 매우 높았다. 근대 이전 문명사회 국가나 세력 사이의 경쟁과 갈등이 고조되면서 일어나는 전쟁에서는 말을 어떻게 쓰는지에 따라 강약의 차이가 노골적으로 드러나고, 승패가 결정되는 사례가 많았다. 동아시아의 경우, 고대와 중세 중국의 농경사회와 내륙아시아 유목세계 사이의 갈등과 충돌이 전쟁으로 치달았을 때, 두 세력 사이의 승패는 기마병을 얼마나 동원하고 어떻게 쓰는지에 의해 결정되고는 했다.

한나라 때의 중국은 몽골 지역 흉노의 날렵한 기마전사 군단에 대항하기 위해 알타이 서쪽에서 날쌔고 빠른 말을 구하기 위해 특별한 사절단을 여러 차례 그들이 아는 서쪽 끝으로 보내기도 했다. 전한 무제(武帝) 시기 장건(張騫)의 서역으로의 긴 여행이 이른바 실크로드시대의 첫 장을 연 것도 이런 시도와 노력에서 비롯되었다. 천신만고 끝에 장건이 구해 온 서역의 말에 '천마'라는 명칭이 붙었던 것도 잘 달리는 말을 얻기 위해 애쓰던 고대 중국인의 간절한 소망이 바탕이 되었다고 할 수 있다.

5 성성(猩猩)

성성은 『산해경』에 소개되는 신기한 짐승 가운데 하나이다. 원숭이를 닮았고 귀가 희며 기어다니기도 하고, 사람처럼 걷기도 한다는 이 짐승은 그 고기를 먹으면 잘 걸을 수 있다고 한다.[12] 사람 얼굴에 돼지의 몸이라고도 하고, 사람 얼굴의 푸른색 짐승, 사람 얼굴에 개의 몸, 사람의 얼굴에 대가리는 수탉 비슷하며 누런 개처럼 보이고 사람의 말을 할 수 있다는 여러 가지 이야기가 전한다.[13]

이외에 성성에 대한 이야기는 재미있는 것이 여럿 전하는데, 대표적인 것이 성성의 술버릇이다. 성성은 술을 좋아하고, 호기심이 많아 제 꾀에 제가 넘어가 사람에게 잡히고는 한단다. 무리를 이루어 사는 성성을 잡으려면 성성이 잘 다니는 길에 술상을 차려 놓고 짚신 여러 켤레를 이어두고 기다리기만 하면 된다는 것이다.

성성 한 마리가 길을 가다가 이 차림새를 보면 금방 그 뜻을 알아차리고 이런 덫을 놓은 사람과 그 조상까지 들먹이며 욕을 퍼붓고 씩씩거리다가 가버린단다.[14] 그러나 오래지 않아 자기네 무리를 데리고 다

---

12 有獸焉 其狀如禺而白耳 伏行人走 其名曰狌狌 食之善走 『山海經』 「南山經」.

13 마창의, 『古本山海經圖說(上)』, 조현주 역, 다른 생각, 55쪽.

14 전호태, 2008, 『고구려 고분벽화 읽기』, 서울대출판부, 131쪽.

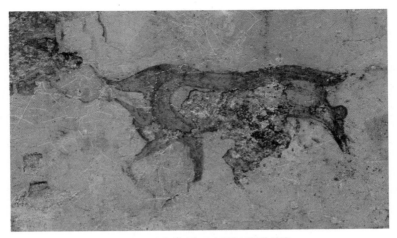

안악1호분 벽화의 '사람 머리의 짐승'(북한 안악)

시 그 자리에 와서는 무리가 일제히 그 사람과 조상의 이름을 들먹이
며 욕을 하고 고래고래 소리를 지르다가 술상 앞에 앉아 술을 마시며
다시 욕을 하고, 또 마시고 하다가 취하면 곁에 놓인 짚신을 신어보고
어기적거리고 비틀거린다. 이때 사람이 나타나면 어떻게 하지 못하고
여러 마리가 한꺼번에 잡힌다는 것이다. 물론 사람이 이렇게 덫을 놓
아 성성을 잡는 건 성성이 고기를 먹고 잘 걷기 위해서다. 다른 글에 성
성의 고기는 맛이 달다고 나온다.

『수경주(水經注)』에 성성은 사람과 말을 나눌 수 있으며 음성이 여자
처럼 고와 이놈의 말을 듣다보면 슬프고 괴롭지 않은 것이 없다고 쓰
여 있다.[15] 성성이 사람 머리의 짐승으로 그려지는 이유도 이처럼 사람

---

15 마창의, 『古本山海經圖說(上)』, 조현주 역, 다른 생각, 56쪽.

의 말을 한다는 데서 비롯되었다고 할 수 있다.

　성성이 사람의 말을 한다는 기록은 『예기(禮記)』에도 전하고, 이런 짐승을 상정한 글은 전국시대 사람인 초나라 굴원(屈原)의 『초사(楚辭)』 「천문(天問)」에도 나온다. 성성 이야기의 연원이 상당히 오랜 시기로 거슬러 올라간다는 사실을 알 수 있다. 지리서인 『산해경』의 원본이 쓰인 시기는 중국의 전국시대(戰國時代) 이전이라는 게 정설이다.[16]

　중국 명나라 때 『산해경』의 성성을 그린 그림은 본에 따라 다르다. 장응호회도본(蔣應鎬繪圖本)의 성성은 사람의 머리에 염소나 양의 몸으로, 호문환도본(胡文煥圖本)의 성성은 털이 많은 사람으로 묘사되었다.[17] 알게 모르게 이 두 그림은 성성의 정체에 대한 관념이 어떻게 바뀌어갔는지 미루어 짐작할 수 있게 한다. 신이거나, 이역(異域)의 사람으로서의 성성이 정령이 되었듯이 성성의 정체는 시대에 따라 재인식, 재설정되었다고 할 수 있다. 신화가 전설이 되고, 전설이 세상에 도는 일화, 혹은 이야기로 바뀌듯이 본래는 하이브리드 신이나 사람 모습의 신이던 성성이 시간의 흐름에 따라 원숭이나 개와 비슷한 존재로 모습이 달라지면서 잡아먹으면 잘 걷게 되는 영약, 맛이 단 고기 재료로 재인식된 셈이다.

　고구려 덕흥리벽화분 앞방 천장고임에 그려진 별자리들과 별자리를 형상화한 그림 중에는 『산해경』에 소개되는 성성도 모습을 보인

16　가장 이르게는 西周 초기로까지 올려보기도 한다(정재서, 1995, 『산해경』, 민음사, 13~14쪽).

17　마창의, 『古本山海經圖說(上)』, 조현주 역, 다른 생각, 60~61쪽.

덕흥리벽화분 벽화의 '성성'(북한 남포)

다.[18] 벽화로 그려진 성성은 사람 머리의 짐승이다. 직녀와 헤어진 뒤
은하수를 건너 제 곳으로 돌아가는 견우 아래에 그려진 성성은 화면의
다른 사람이나 짐승들처럼 하늘 세계의 식구요, 별자리의 화신이다.
아마 지금까지 남아 전하는 그림 가운데에는 시기가 가장 멀리 거슬러
올라가는 덕흥리벽화분의 성성은 별자리의 화신으로 그려졌다는 점에
서도 특별한 사례라고 할 수 있다.

　이미 한나라 때부터 '영약'으로 소개되던 중국과 달리 408년 말의 작

18　전호태, 2008, 『고구려 고분벽화 읽기』, 서울대출판부, 130쪽.

품인 덕흥리벽화분 천장고임의 성성은 하늘 세계의 별자리이다. 여전히 신화 전설 속의 존재인 것이다. 그런 점에서 벽화의 성성이 『산해경』의 본래의 서술, 곧 신이거나 정령으로 인식되고 묘사된 초기의 성성과 가장 가까운 존재라고 할 수 있다. 5세기 초 제작된 고구려 고분벽화가 중국의 한나라 이전, 적어도 춘추전국시대까지는 유지되었던 성성에 대한 관념과 표현을 원본에 가깝게 전하고 있는 셈이다. 고구려 고분벽화의 다른 사례에서도 확인되었듯이 같은 동아시아 문화권이라고 하더라도 고구려를 비롯한 동방세계와 중국 중심의 서방세계는 종교와 문화, 신앙과 예술의 큰 흐름에서 공통점도 있었겠지만, 차이점도 확실했다고 보아야 할 듯하다.

6   청양조(靑陽鳥)

동서고금 애틋한 사랑과 이별 이야기는 많다. '죽음과 삶이 정해졌으니, 이제 그만 돌아가십시다.' 고구려 평원왕의 딸 평강공주가 전사한 장군 온달의 관을 어루만지며 산 자의 세계에서의 인연을 마무리 짓는 장면은 이승과 저승으로 나뉜 가슴 아픈 이별의 순간이다.[19] 이런 점에서 예나 지금이나 온달 이야기 마지막 부분은 읽는 이의 가슴을 먹먹하게 한다.

'훨훨 나는 꾀꼬리는 암수가 서로 의지하는데, 외로운 이 내 몸은 누구와 함께 돌아갈까!' 시조 왕 주몽의 뒤를 이은 유리왕이 사랑하는 치희의 마음을 돌리려 애쓰다가 처가를 나와 홀로 돌아오다 지었다는 황조가[黃鳥歌, 꾀꼬리노래] 역시 이별을 받아들일 수밖에 없던 한 남정네의 마음을 잘 드러낸다.[20] 이 노래를 부르는 순간 유리왕은 왕이 아닌, 짝을 이루었던 여인과 더는 인연을 잇지 못하게 된 한 남자에 불과하다.

비익연리(比翼連理)는 중국 당나라의 문관이자 시인인 백거이(白居易)의 시 '장한가(長恨歌)'에서 비롯된 고사성어다. 장한가 중의 해당 구

19　欲葬柩, 不肯動. 公主來撫棺曰, "死生決矣, 於乎歸矣." 遂擧而窆. 大王聞之, 悲慟 『三國史記』 卷45, 「列傳」 5, 溫達.

20　雉姬慙恨, 亡歸. 王聞之, 策馬追之, 雉姬怒不還. 王嘗息樹下, 見黃鳥飛集, 乃感而歌曰, "翩翩黃鳥, 雌雄相依, 念我之獨, 誰其與歸." 『三國史記』 卷13, 「高句麗本紀」 1, 琉璃王 3年 10月.

이석 마무장촌2호 한묘 화상석 탁본의 '비익조'(중국 산서)

절은 다음과 같다. '칠월칠석 장생전에서 한밤중에 아무도 몰래 주고받은 약속. 하늘에선 비익조가 되고 땅에서는 연리지가 되자고.'[21]

백거이가 한무제와 이부인의 사랑 이야기를 끌어와 부부 사이의 지극한 사랑을 노래한 시구의 비익연리가 가리키는 실제 짝은 당의 황제 현종과 양귀비다. '개원(開元)의 치(治, 713~741년)'로 당의 전성기를 연 현종은 치세 후반기 며느리였던 양옥환에 반해 그를 귀비로 삼고 정치를 게을리하다가 안사의 난(755~763년)을 맞았다. 당연히 어지러운 정치의 원인이 되었다는 이유로 황제 현종은 피난길에 병사들의 요구를 거절하지 못하고 양귀비가 자결하게 했다.

---

21 「長恨歌」는 806년에 백거이가 지은 120구 840자에 이르는 대서사시다. '七月七日長生殿 夜半無人私語時 在天願作比翼鳥 在地願爲連理枝'는 긴 시구의 마지막 부분에 나온다.

비익조는 청조(靑鳥)와 적조(赤鳥)인 암수가 각각 다리가 하나이고 날개가 하나이다.[22] 이런 까닭에 비익조는 암수가 하나되면 머리는 둘이고 다리도 둘인 새가 되어 날 수 있다. 이 비익조는『산해경』의「서산경」에는 '만만(蠻蠻)'이라는 이름으로 소개되는 새다.[23]

연리는 목연리(木連理)에서 나온 말로 두 그루의 나무가 자라면서 서로 가지를 엮어 한 나무처럼 된 상태를 가리킨다. 연리는 연리지(連理枝)로도 일컫는데, 중국 후한 말기의 학자 채옹(蔡邕)의 지극한 효성에서 비롯된 말이다.[24] 효성이 깊던 채옹이 3년이나 어머니 병간호에 매달리다 어머니가 죽자 무덤 곁에 초막을 짓고 지냈는데, 어느 날 초막 앞에 싹이 터 자란 두 나무가 가지를 얽더니 하나의 나무처럼 되었다는 것이다. 이 때문에 본래는 지극한 효성을 의미했지만, 시간이 흐르면서 한 몸처럼 사이좋은 부부 사이를 가리키는 말이 된 것이다. 실제 자연에서 목연리, 혹은 연리지 현상은 종종 관찰된다.

고구려의 덕흥리벽화분 앞방 천장고임 동쪽에는 날개 달린 물고기 비어(飛魚) 아래 비익조의 모습을 한 새가 그려졌다. 새 옆의 묵서명에는 '청양지조 일신양두(靑陽之鳥 一身兩頭), 청양이라는 새는 한 몸에 머리가 둘이다.'라고 쓰여 있으니 이 새의 이름은 청양조이다.[25]『산해경』에 소개된 기이한 새 비익조와 모습이 같은 것으로 보아 청양조에도

---

22 比翼鳥在其東 其爲鳥靑. 赤兩鳥比翼 一曰在南山東『山海經』「海外南經」; 전호태, 2007,『중국 화상석과 고분벽화 연구』, 솔, 136쪽.

23 有鳥焉 其狀如鳧而一翼一目 相得乃飛 名曰蠻蠻『山海經』「西山經」

24 邕性篤孝, 母常滯病三年, 邕自非寒暑節變, 未嘗解襟帶, 不寢寐者七旬. 母卒, 廬於側, 動靜以禮. 有馴擾其室傍, 又木生連理, 遠近奇之, 多往觀焉.『後漢書』卷60下,「列傳」50下, 蔡邕.

25 전호태, 2016,『고구려 벽화고분』, 돌베개, 88쪽.

덕흥리벽화분 벽화의 '청양조'(북한 남포)

비익조와 비슷한 관념이 투사되었음이 확실하다. 청양조도 암수가 몸을 합하지 않으면 날 수 없는 새인 것이다.

물론 이 새, 청양조에 당나라 때에는 널리 알려진 지극히 사이가 좋은 부부라는 의미가 덧붙여졌는지는 알 수 없다. 그러나 당의 시인 백거이가 장한가를 지을 즈음에는 이미 비익조와 연리지에 '극히 사이좋은', '한 몸이 될 정도로 사이가 좋은'이라는 의미가 부여되었을 수 있다는 사실을 고려하면, 고구려 벽화에 이 새가 그려질 때, 같은 관념이 투사되었을 가능성은 매우 크다고 하겠다. 고구려의 하늘에 묘사된 별자리의 화신들에 천추, 만세, 길리, 부귀 등의 관념이 관철되고 있음을 생각하면 더욱 그렇다. 어쩌면 고구려에서 이런 좋은 관념과 이미지들이 먼저 결합되어 벽화로 남겨지고 사람들 사이에서도 널리 입에 오르내렸을 수도 있지 않았을까?

7   비어(飛魚)

　고구려의 덕흥리벽화분 앞방 천장고임 동쪽에는 해와 목성, 삿갓 모양의 다섯별이 이룬 별자리가 그려졌고, 다섯별과 목성 사이에 날개 달린 물고기 한 마리가 묘사되었다. 비어 위의 삿갓 모양 별자리는 다른 천문도에 잘 보이지 않는 까닭에 이를 비어오성(飛魚五星)으로 이름 붙이기도 한다.[26] 그러나 이 별자리가 비어와 관련 있는지는 알 수 없다. 비어가 바로 아래 크게 그려진 목성과 연결될 수도 있기 때문이다.

　흥미로운 것은 중국의 『산해경』에서 산천의 기이한 생물 가운데 하나로 언급되는 비어가 고구려에서는 하늘의 별자리와 관련된 존재로 인식되고 그려진다는 점이다. 덕흥리벽화분보다 제작 시기가 빠른 안악1호분 벽화에도 날개 달린 물고기, 곧 비어가 묘사되었는데, 그려진 자리가 널방 천장고임이다. 덕흥리벽화분의 경우와 같이 안악1호분의 비어도 하늘 세계의 존재인 것이다.[27]

　『산해경』 「중산경」에 소개된 비어는 노수(勞水)에 사는 붕어처럼 생긴 물고기로 먹으면 치질을 치료할 수 있고, 설사도 멎게 할 수 있다.[28]

26　김일권, 2008, 『우리 역사의 하늘과 별자리』, 고즈윈, 97쪽.

27　전호태, 2004, 『벽화여, 고구려를 말하라』, 사계절, 165쪽.

28　勞水出焉 而西流注于潩水 是多飛魚 其狀如鮒魚 食之已痔[泄] 『山海經』 「中山經」.

덕흥리벽화분 벽화의 '비어'(북한 남포)

『산해경』의 「중산경」에 언급된 또 다른 비어는 황하로 흘러들어가는 정회수에 사는 물고기다. 생김새는 돼지와 비슷하고 몸에 붉은 무늬가 있으며 이것을 먹으면 천둥을 무서워하지 않게 되고, 병란도 막을 수 있다.[29]

지금의 베트남 지역 풍물을 기록한 『임읍국기(林邑國記)』에도 비어가 언급되는데, 임읍의 비어는 실제 바다에서 볼 수 있는 날치와 비슷한 물고기다. 이 비어는 몸통이 둥글고 길이는 한 장 남짓하며 깃을 합치면 날개가 매미 날개와 비슷하다.[30] 물속을 드나들 때는 무리를 지으

---

29 正回之水出焉 而北流注于河 其中多飛魚 其狀如豚而赤文 服之不畏雷 可以禦兵『山海經』 「中山經」.

30 마창의, 『古本山海經圖說(下)』, 조현주 역, 다른 생각, 709쪽.

며, 헤엄치거나 날 때 깃을 모은다. 바다 밑까지 헤엄칠 수 있다.

이렇듯 중국의 문헌에 소개된 비어는 황하의 지류에 사는 것이건, 중국에서 멀지 않은 이역(異域)에 사는 것이건, 먹으면 특별한 효험을 볼 수 있는 영약이지 정령이나 신이 아니다. 고구려 고분벽화의 비어가 별자리의 화신인 것과 많이 다르다. 아마도 다른 사례와 같이 처음 『산해경』이 저술될 때, 산천의 정령으로, 혹은 신으로 소개되었던 특이한 형태의 새와 짐승, 물고기가 시간이 흐르면서 세속화되어 영약으로 새로 자리 매김 된 결과일 것이다.

다른 새나 짐승처럼 물고기 가운데 어떤 종들은 선사시대 이래 오랜 기간 신성성이 부여되고, 특별한 힘과 능력을 지닌 존재로 상정되어 숭배받았다. 못이나 호수, 강에서 오래 살고 크기도 사람만 해진 물고기는 용이 되어 하늘로 올라간다거나, 철마다 모습을 바꾸되 상상 속의 큰 새가 되었다가 다시 물고기 모습으로 되돌아온다는 이야기는 동아시아 여러 지역의 전설과 민담에서 쉽게 찾아볼 수 있다. 백제 무령왕릉에서 출토된 왕비 두침(頭枕) 장식문에 어룡(魚龍)이 그려진 건, 민담으로 전하는 용이 된 물고기 이야기의 유래가 대단히 오래되었음을 실제 보여주는 사례이다.

유프라테스강과 티그리스강 사이에서 문명을 발전시킨 메소포타미아에는 큰 강과 바다를 무대로 삼은 거대한 물고기, 혹은 이 물고기를 모델로 한 용에 대한 신앙이 있었고, 이런 신을 섬기는 사제들이 물고기 껍질을 쓰고 제의를 올렸다. 이런 신앙과 제의는 물고기 껍질을 몸에 두른 사제들의 석상이 발견됨으로써 확인되었다. 성경의 요나 이야기도 신앙 대상이기도 했던 거대한 물고기와 관련된 신화 전설이 세속

무령왕릉 왕비 두침 장식 '어룡'(국립공주박물관)

화된 사례로 볼 수 있다.

　고대 중국에서 물고기는 풍요의 상징이었다. 물고기를 나타내는 한자 단어 어(魚)와 풍요를 뜻하는 요(饒)가 중국어 발음으로는 차이가 없기 때문이다. 또한 많은 알을 낳는다는 점에서도 물고기를 풍요의 상징으로 삼을 만했다. 근대까지 전해 내려오는 한국의 민속을 담은 문자도(文字圖) 병풍에서도 물고기 어(魚)자는 풍요를 의미한다. 병풍에 물고기를 그려 넣는 것도 같은 의미와 기원을 지닌다.

　항상 눈을 뜨고 있는 점에서 물고기는 '지켜보는' 존재이기도 하다. 수행 정진을 목표이자 과정으로 삼는 불교사원에서 볼 수 있는 목어(木魚)나 처마 끝에 달려 바람이 불면 흔들리며 아름다운 방울 소리를 내는 풍경(風磬)의 방울 아래 물고기 모양의 금속판을 달아두는 것도 승려들의 용맹스러운 정진을 지켜본다는 뜻이 담겨 있다.

같은 시기 중국에서와 달리 산천에서 마주칠 수 있는, 혹은 상상 속의 신비한 짐승과 새, 물고기는 5세기 고구려에서는 여전히 신앙의 대상이었다. 고분벽화에 별자리의 화신으로 그려지던 하늘 나는 물고기 비어와 영약이라며 찾아서 잡으려 드는 사람들을 피해 숨기에 바빴던 중국의 날개 달린 물고기 비어는 달라도 너무 다른 환경 속에서 살고 있었던 셈이다.

8   천록(天鹿)

고구려의 시조 왕 주몽이 비류국 송양왕의 항복을 받으려고 쓴 마지막 수단이 사슴의 울음소리로 하늘에 호소하는 일이었다. 해원(蟹原)에서 잡은 사슴을 거꾸로 매달아 하늘을 향해 울부짖게 한 것이었다. 예상대로 사슴의 애타는 울부짖음에 답한 하늘이 큰 비를 내려 비류국의 도읍을 물에 잠기게 했다. 왜 하필 사슴인가?

오랜 민담이 동화로 정착되어 아이들에게 즐겨 읽히는 것 가운데 하나가 나무꾼과 선녀 이야기다. 나이 들고도 장가를 가지 못하던 나무꾼이 사냥꾼에게서 달아나던 사슴을 숨겨준 보답으로 사슴은 산속 깊숙한 곳에 내려와 목욕하는 선녀 이야기를 해준다. 나무꾼은 선녀가 벗어둔 하늘 옷을 감추어 둔 덕에 선녀와 결혼해 아이까지 낳지만, 섣불리 아내에게 하늘 옷 감추어 둔 곳을 말하는 바람에 선녀는 하늘 옷을 찾아 입고 두 아이를 가슴에 안은 채 하늘나라로 올라가 버린다. 우여곡절 끝에 하늘까지 올라가 아내와 재회했던 나무꾼이 세상에 잠깐 내려오느라 탄 게 사슴이다. 왜 사슴이 하늘과 땅 사이를 오가는가?

사슴이 하늘과 땅 사이를 오가는 이야기는 세계 곳곳의 민담이나 전설에서 고르게 확인된다.[31] 크리스마스의 주인공 산타할아버지는 루

---

31 아리엘 골란, 2004, 『선사시대가 남긴 세계의 모든 문양』, 정석배 역, 푸른역사, 151~191쪽.

무용총 벽화의 '사슴 한 쌍'(중국 집안)

돌프사슴이 끄는 수레를 타고 하늘을 날아다닌다. 물론 수레에는 착한 아이들에게 줄 선물들이 보따리에 가득 든 채 실려 있다. 루돌프사슴이 하늘을 날아다닐 수 있는 이유는 무엇인가?

고구려 무용총 수렵도에는 여러 사람의 기마사냥꾼이 등장하는데, 주인공에 해당하는 인물이 말을 타고 달리면서 몸을 돌려 화살을 겨누는 건 한 쌍의 자색 사슴이다.[32] 고구려 건국신화의 주인공처럼 한 화살로 암수 두 마리를 모두 쏘아, 맞출 듯한 기세인 기마사냥꾼의 사냥 대상이 커다란 사슴인 이유는 무엇일까?

물론 짐작하다시피 하늘에 제사 지내기 위해서다. 고구려 사람들이 하늘에 제사 지낼 때 희생물 1순위에 든 것이 사슴이다. 고구려나 백

---

32 전호태, 2019, 『무용총 수렵도』, 풀빛, 61~62쪽.

제, 신라에서 호랑이나 곰을 제사의 희생으로 쓰지는 않았다. 삼국시대 이후에도 하늘에 제사 지낼 때에 우선순위로 올린 희생 제물은 사슴을 포함한 발굽동물들이었다. 여기에 고니와 같은 큰 새가 더해졌다. 왜 사슴인가? 하늘이 사슴을 선호하고 받아들여서가 아닌가?

삼국시대 신라 마립간시대를 상징하는 금관에서 사람들의 눈길을 끈 건 '출(出)'자형 관식(冠飾)이다. 성스러운 나무에 대한 관념에서 기원했다고도 하고, 사슴의 뿔을 디자인한 것이라고도 하는 이런 관식이 종교적 의미를 지녔음은 확실하다. 신라의 왕인 마립간은 이런 금관을 머리에 쓰고 제의를 주관하고 집행했다는 해석도 있다.

신라 금관의 장식이 사슴뿔과 관련 있다는 의견이 나온 이유는 무엇일까? 종교적인 관념, 곧 땅과 하늘 사이를 잇는 게 사슴이라는 의식이 바탕에 깔려 있기 때문이다. 시베리아 샤먼들이 의식을 집행하면서 사슴뿔로 장식된 모자를 머리에 쓰는 건 잘 알려진 사실이다. 이는 하늘과 땅 사이를 오가는 사슴에 대한 관념이 오랜 기간 시베리아 고아시아족 사이에 전승되어 내려왔음을 뜻한다.

5세기 중엽으로 편년되는 고구려 삼실총 널방 천장고임에는 사슴이 한 마리 그려졌다. 주몽이 해원에서 붙잡은 사슴처럼 하늘을 향해 울부짖는 듯이 보이는 사슴의 머리에는 긴 뿔이 솟아 있고 자색의 사슴 몸에는 초승달 모양의 흰 반점이 여럿 있다. 천장고임에 그려졌으니, 이 사슴은 하늘 세계의 짐승인 천록(天鹿)이다.

408년 묵서명이 남아 있는 덕흥리벽화분 앞방 천장고임에도 사슴 한 마리가 묘사되었다. 천장고임에 그려졌지만, 몸에 흰 반점이 있는 이 붉은색 사슴은 기마사냥꾼과 사냥개에게 쫓기는 중이다. 언뜻 보기

삼실총 벽화의 '천록'(중국 집안)

에 이 사슴은 사냥꾼에게 쫓기다가 나무꾼 덕에 살아난 '은혜 갚은 하늘사슴'을 연상시킨다.

동서고금 하늘사슴은 땅과 하늘 사이를 오갈 수 있다고 믿어진 짐승이다. 하늘을 나는 말, 천마(天馬)처럼 하늘에서 다닐 수도 있고, 땅에서도 달릴 수 있다. 고분벽화는 이런 사슴 이야기를 고구려 사람들도 잘 알고 있었음을 알게 한다.

9 천추(千秋)와 만세(萬歲)

고구려의 천추총은 무덤에서 발견된 벽돌의 '천추만세영고(千秋萬歲永固)'라는 명문으로 말미암아 이름이 지어졌다. 중국 길림성 집안 마선구고분군에 속한 이 무덤은 한 변이 63m에 이르는 초대형 계단식적석총으로 무덤 상부에 석실이 만들어진 점에서 구조상 태왕릉과 유사하다. 이런 점으로 보면 마선구1000호묘로 번호가 붙은 이 무덤이 소수림에 묻혔다는 소수림왕(小獸林王)의 왕릉이고 태왕릉은 뒤를 이은 고국양왕릉일 가능성이 크다.

'천년만년 영원히 굳건하기를' 기원하였음에도 천추총은 결국 훼손되었다. 무덤에 사용된 석재들은 근처의 민가 축조에 쓰였고, 석실은 원형을 잃었다. 계단식 피라미드처럼 보였던 처음 모습을 지금은 어디서도 찾아볼 수 없다.

봄과 가을을 가리키는 글자에서 비롯된 단어 춘추(春秋)가 한 해를 의미하고, 더 확대되어 역사를 뜻하게 되었듯이 천년을 뜻하는 천추는 오랜 세월을 가리키게 되었다. '천추의 한을 남기고'라는 말에서 천추는 한없이 길고 오랜 세월을 뜻한다. 천추의 뜻이 그러하다면 만세는 영원 그 자체다. 왕조시대 중국의 황제 앞에서 신하들은 아홉 번 머리를 조아리고 절하며 '만세, 만세, 만만세'를 외쳤다. '왕이시여, 영원하옵소서!'라고 축원하였던 것이다. 물론 그럴 수 있는 사람은 아무도

덕흥리벽화분 벽화의 '천추, 만세'(북한 남포)

천왕지신총 벽화의 '천추'(북한 순천), 삼실총 벽화의 '천추'(중국 집안)

없다. 천년만년 굳건하기를 기원했던 천추총이 제 모습을 잃고 지금은 거대한 돌무더기로만 남아 있듯이 말이다.

고구려의 덕흥리벽화분 앞방 천장고임에 그려진 별자리의 화신들 가운데에는 사람 머리의 새 형상인 것이 여럿 있는데, 그중 하나가 천장고임 서쪽에 자리 잡은 '천추지상(千秋之象)'이다.[33] 천년을 살고자 하는 소망이 탄생시킨 일종의 소망 결정체다. 아마도 사람들 사이에는 이 상에 기도하면 장수의 소망이 어느 정도 실현되리라는 믿음이 있었을 것이다.

천추의 아래에 더 또렷하게 그려진 '만세지상(萬歲之象)'은 아예 영원한 삶을 꿈꾸는 마음이 형상화된 경우이다. 만년은 꿈으로도 꾸기 어려운 긴 시간이다. 인간의 역사에서 그런 긴 세월을 내다보거나 되짚어본 적도 없음을 고려하면, 말 그대로 영원과 다름이 없다. 이런 영원의 시간이 사람 머리의 새로 탄생했으니, 인간의 소망 또한 경계가 없다는 사실을 알 수 있다.

천년이라는 긴 시간을 형상화한 사례는 고분벽화에서 여럿 찾아볼 수 있다. 순천 천왕지신총 널방 천장고임에도 세발까마귀가 표현된 해 아래에 사람 머리의 새 한 마리가 커다랗게 그려졌는데, 사람 머리 앞에 '천추(千秋)'라는 묵서명(墨書銘)이 있다. 집안 삼실총에도 널방 천장고임에 사람 머리의 새가 한 마리 묘사되었지만, 천추라는 묵서는 보이지 않는다. 그러나 다른 고분벽화의 사례로 보아 천장고임에 그려진 이런 사람 머리의 새에 천추라는 관념이 투사되었음은 확실하다.

삼실총과 축조 시기가 크게 다르지 않은 무용총 널방 천장고임 벽화에서도 사람 머리의 새가 확인된다. 날개도 없이 하늘을 흐르는 기운에 끌려 날아다니거나 백학 여러 마리를 말처럼 부리며 하늘을 나는

---

33 전호태, 2008, 『고구려 고분벽화 읽기』, 서울대출판부, 134쪽.

다른 선인처럼 머리에 긴 관 모양의 모자를 쓴 사람 머리의 새는 귀도 선인처럼 당나귀 귀다. 이 새 역시 천추임이 확실하다.

무용총 벽화의 천추는 머리의 형상이 다른 선인과 거의 다르지 않다는 점에서 선인의 인격과 능력을 지닌 존재로 상정되고 묘사되었음을 미루어 짐작할 수 있다. 실제 중국의 신선담(神仙談) 가운데에는 새의 형상으로 모습을 바꾸어 하늘로 날아간 선인 이야기도 있다. 고구려 무용총 벽화의 천추도 그런 사례에 해당한다고 하겠다.

천추, 만세를 별자리의 화신으로 그린 점에서 덕흥리벽화분의 벽화는 관념을 형상화하고 신앙 대상으로 승화시키는 과정을 잘 보여주는 사례라고 할 수 있다. 한자어를 주고받고, 여기서 한 걸음 더 나아가 벽돌에 소망 담은 구절을 문자로 남기는 정도에서 그치던 사람들이 어느 순간 이를 형상화하기 시작했다는 점에서 그림으로 그려진 '천추'와 '만세'는 특별한 의미를 지닌다.

그런데 덕흥리벽화분의 천추와 만세는 이런 단계에서 다시 한 걸음 더 내딛은 점에서 눈길을 끄는 경우다. 천추와 만세를 별자리의 화신이 되게 한 것이다. 신앙 대상으로 승화시킨 것이다. 인격을 부여하고 신, 혹은 정령의 반열에 오르게 했으니, 관념과 신앙 대상을 세속화, 역사화 시키던 중국과 고구려는 문화적 걸음의 방향이 달랐던 셈이다. 5세기 이후, 고구려에서 천추와 만세에 대한 신앙이 어떻게 전개되었는지 궁금해진다.

10   부귀(富貴), 길리(吉利), 짐승 머리의 새

지금도 유서 깊은 가문에서 일상적으로 사용하는 침구류와 가구에
서는 수(壽) 자나 복(福) 자를 수놓거나 새긴 장식문을 찾아보기 어렵지
않다. 중국인이 운영하는 크고 작은 식당에서 가장 쉽게 발견할 수 있
는 글자가 복(福)이다. 어쩌면 사람이 살면서 꿈꾸는 게 이 두 글자에
축약되어 담겼는지도 모른다. 복을 누리며 오래 사는 걸 소망하지 않
는 사람을 찾기가 오히려 어려울 듯하다.

고구려 덕흥리벽화분 앞방 천장고임에는 부귀(富貴)와 길리(吉利)를
형상화한 짐승 머리의 새들이 묘사되어 있다.[34] 별다른 설명이 덧붙지
않았지만, 좋은 일이 많아서 부귀를 누리는 삶이기를 소망하는 마음이
별자리의 화신을 만들어냈고, 5세기 초의 고구려 사람들이 너나없이
이들 짐승 머리의 새에 내일의 꿈을 올려놓았음은 알 수 있다.

짐승 머리의 새는 고구려 초기 고분벽화부터 말기 고분벽화까지 계
속 그려진다. 부귀와 길리는 초기 고분벽화에 보이는 대표적인 사례이
다. 부귀와 길리의 짐승 머리는 어떤 짐승에서 비롯되었는지 정체가
명확하지 않으나 특정한 짐승이 모델이 되었음은 확실하다.

5세기 중엽의 작품인 삼실총 벽화에는 소 머리의 새가 묘사되었는

---

34 전호태, 2016, 『고구려 벽화고분』, 돌베개, 88쪽.

덕흥리벽화분 벽화의 '부귀, 길리'(북한 남포)

데, 같은 고분벽화의 사례와 같이 이 소 머리의 새에도 특정한 관념이 투사되었을 것이다. 전근대의 농촌에서 소를 몇 마리 가지고 있는가로 부(富)를 가늠했던 관례를 고려하면, 이 소 머리의 새에도 덕흥리벽화분의 사례처럼 '부귀'라는 관념과 소망이 투사되었을 가능성을 배제하기 어렵다.

고구려 후기 벽화고분인 강서대묘 널방 천장고임에는 토끼 머리의 새가 등장한다. 같은 천장고임에 그려진 영지(靈芝)나 기린, 난새 등과 선계로 향하는 신선까지 고려하면, 이 토끼 머리의 새 역시 선계의 일원임이 확실하나, 이 새가 어떤 관념이나 소망이 형상화된 것인지는 짚어내기 어렵다. 이보다 앞선 시기의 고분벽화에서는 이와 유사한 존재가 찾아지지 않기 때문이다.

두 종류의 서로 다른 생명체를 조합하여 만든 하이브리드 짐승이나 인간은 오랜 옛날부터 사람의 상상력 속에서 태어나지만, 일단 형상화가 이루어진 뒤에는 실재하는 듯이 설화나 민담의 조연으로 등장하는 게 일반적이다. 시간이 흐름에 따라 문헌 기록에 이런 짐승이나 인간이 등장하게 됨은 물론이다.

삼실총 벽화의 '소 머리의 새'(중국 집안), 강서대묘 벽화의 '토끼 머리의 새'(북한 남포)

    중국의 기서(奇書)『산해경』은 온통 이런 생명체에 대한 설명으로 가득하고, 인간의 상상력을 더한『산해경』적 존재는 명 왕조와 청 왕조의 문인과 화가들에 의해서도 반복되어 그려지고 이야기되었다. 중국 남북조시대 지괴 소설에서 주요한 조연으로 거듭 등장하는 것도 이런 하이브리드 생명체들이다.

    고대 이래 중국과 교류가 잦았던 한국의 왕조시대에도 하이브리드 짐승들은 심심치 않게 등장한다. 그러나 한국의 경우, 고구려 고분벽화 외에는 사람이나 짐승 머리의 새 같은 하이브리드 생명체가 회화적으로 자주 묘사되고, 노래 되거나 이야기되지 않는다. 아마도 도교가 주요한 종교가 된 중국과 달리 한국은 남북국시대 이후, 빠른 속도로 유교 관료체제 및 이와 관련된 관념체계가 사회 저변에까지 자리 잡으면서 지괴소설 계통의 이야기가 백성들 사이에 널리 회자되지 않은 때문일 수 있다.

그렇다고 해도 덕흥리벽화분의 천장고임에 형상화된 부귀, 길리 같은 복된 삶에 대한 소망은 고대 이래 한국에서도 변함없이 사람들의 마음 한쪽에 깊숙이 자리 잡고 있을 수밖에 없다. 새벽마다 해뜨기 전, 아낙네가 집 뒤뜰 장독대 옆 널찍한 바위 위에 맑은 물 한 사발 올려놓고 빌고 비는 게 액(厄)을 멀리하고 복을 받는 게 아닌가.

물론 비는 대상은 고구려 고분벽화에 보이는 형상화된 별자리의 화신, 부귀나 길리가 아니라 하늘이고, 신령님이고, 부처님이지만, 부귀나 길리를 받고 누리기를 빈다는 점에서는 고구려 때나 고려, 조선시대, 심지어 한 세대 전에도 차이가 없었을 것이다. 오늘날 집 뒤뜰의 장독대는 찾아보기 어려워도 부귀나 길리를 소망하는 마음은 옛날과 다르지 않을 것이다.

지축

불이 땅을
바람이 물을
세월이 기억을
흔들고 지우려 할 때
우린 붙잡고 있었다

땅이 어긋나고
물이 넘치고
기억이 제 자리를
찾기 힘들어하던 순간
우린 그 자리에 버티고 있었다

늘 함께
붙잡고 버티는 동안
둘은 하나인 듯
서로를 보며 힘을 모았다
어느 날
머리는 둘, 몸은 하나인
우릴 사람들이
눈물 그렁거리며
쳐다보고 있었다

기린

하늘로 오르며
머리 들었더니
구름문
좌우로 열린다
뿔 때문이다

땅으로 걸음 내딛으며
머리 숙였더니
안개골
둘로 나뉜다
뿔 때문이다

암수 만나
오색 기운 뿌렸더니
온 세상이
봄날 아침이다
뿔 때문이다

천마

하늘로 오르기 전
호수 곁 풀잎이 푸릇거릴 때
난
네게로 고개 돌리고
언제 떠날지를 물었다

하늘에 붙박이기 전
밤 지나고 이슬 맺힐 때
난
네게 눈 주며
어디로 갈지를 물었다

등에 날개 돋고
하늘 문 열릴 때
난
숲과 초원, 호수와 골짝 떠나
언제든 너와 마음 닿는
별이 되었다

성성이

아스라한 기억이다
하늘 높이 몸 누이고 세상 비추던
그때
옛날 이야기라고 했다
엎드려 빌던 사람들에게 마음으로 말 건네던
그 시절

이제는 조심해야 한다
늙은이, 젊은이 숨어 기다리는
거기
잘 살펴보아야 한다
약으로 쓸 사냥감에 목 길게 뺀
그들

고구려 고분벽화의
해와 달

집안에서 발견된 고구려 벽화고분 가운데 무덤칸에 해와 달을 그린 것은
각저총, 무용총, 장천1호분, 삼실총, 통구사신총, 오회분4호묘, 오회분5호묘 등
모두 7기이다. 이들 벽화고분에서 해와 달 표현방식과 무덤칸 안에서의 위치,
동반요소, 해와 달이 벽화에서 지니는 비중 등은 무덤에 따라 다르다.

1 고구려 고분벽화의 해와 달 표현

1) 집안 고분벽화의 해와 달

집안에서 발견된 고구려 벽화고분 가운데 무덤칸에 해와 달을 그린 것은 각저총, 무용총, 장천1호분, 삼실총, 통구사신총, 오회분4호묘, 오회분5호묘 등 모두 7기이다. 이들 벽화고분에서 해와 달 표현방식과 무덤칸 안에서의 위치, 동반요소, 해와 달이 벽화에서 지니는 비중 등은 무덤에 따라 다르다. 무덤별로 살펴보기로 하자.

두방무덤인 각저총에서 해와 달은 널방 천장고임 제2단의 동쪽과 서쪽에 순수 성좌형으로 표현되었다(그림 1).[1] 해를 나타내는 붉은빛 해 안에는 댕기처럼 뒤로 길게 뻗어나간 공작형 볏이 달린 검은빛 세발까마귀가 서 있다. 까마귀의 접은 나래 끝은 바깥으로 뾰족하게 튀어나왔다. 달을 나타내는 흰빛 달 속에는 맹꽁이를 연상시키는 두꺼비가 등을 보이며 엎드렸다.

각저총과 형제 사이처럼 나란히 있고 크기도 같은 무용총에서 해와 달은 널방 천장고임 제4단의 동쪽과 서쪽에 그려졌다(그림 2, 3).[2] 붉은

---

1 각저총 벽화 도면, 도판은 池內宏·梅原末治, 1940, 『通溝』 卷下(日滿文化協會), 15~20쪽, 도판 35~4 참조 ; 해와 달의 표현 유형과 동반 신격에 대해서는 全虎兌, 1991, 「漢-唐代古墳의 해와 달」 『美術資料』 48, 19~73쪽 참조.

2 무용총 벽화 도면, 도판은 池內宏·梅原末治, 1940, 『通溝』 卷下(日滿文化協會), 15~20쪽, 도판 35~46 참조.

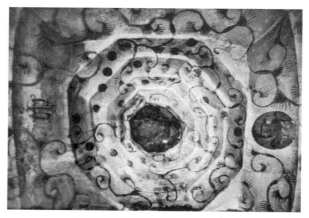

그림 1 각저총 널방 천장고임의 '해와 달'

빛 해 안에는 공작형 볏이 달린 세발까마귀가 나래를 접고 서 있는데, 볏의 길이가 각저총 세발까마귀보다 짧고 볏 머리에 세 개의 둥근 돌기가 돋았다. 흰빛 달 안에는 각저총 벽화와 같은 모습의 두꺼비가 있다.

집안의 두방무덤 가운데 비교적 짜임새 있는 무덤칸 구조를 보여주는 장천1호분에서 해와 달은 널방 천장석에 표현되었다(그림 4).[3] 교차하는 두 줄의 대각선에 의해 4개의 등변삼각형으로 나뉜 천장석 동쪽 삼각 면의 해 안에는 공작형 볏을 지닌 세발까마귀가 서 있고, 서쪽 삼각 면의 달 속에는 두꺼비와 옥토끼가 들어 있다.

해 안의 세발까마귀는 각저총, 무용총 벽화의 세발까마귀보다 세련된 형태로 표현되었다. 머리의 공작형 볏은 대각선 방향으로 S자로 휘

---

3 장천1호분 벽화와 도면은 1982년 공식적으로 외부에 알려졌다(吉林省文物工作隊·集安縣文物保管所(陳相偉·方起東), 1982, 「集安長川一號壁畵墓」『東北考古與歷史』1輯.

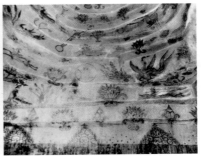

그림 2 무용총 널방 천장고임의 '해'　　그림 3 무용총 널방 천장고임의 '달'

며 뻗어 올라갔고, 꼭 다문 부리 끝에서 목, 앞가슴으로 이어지는 선은
역 S자를 이루며 우아한 맛을 풍긴다. 가슴께에서 부드럽게 흘러나온
곡선은 깃털이 변형된 듯한데, 세발까마귀가 상서로운 존재임을 알리
는 표현으로 이해된다.

　달 속의 두꺼비는 등을 보이며 엎드렸다. 옥토끼는 아구리가 좁고 둥
근 반면 밑동은 넓은 약절구 앞에 서서 앞발로 공이를 쥐고 불사약(不死
藥)을 찧고 있다. 집안 벽화고분 가운데 달의 상징요소로 두꺼비 외에
옥토끼를 더한 경우는 이 장천1호분이 유일하다. 천장석의 남쪽 및 북
쪽 삼각 면에는 7개의 별로 이루어진 국자 별자리가 하나씩 표현되었
다. 두 대각선의 교차점에 '북두칠청(北斗七靑)'이라는 묵서가 남아 있다.

　세 개의 널방이 널길로 이어진 삼실총에서 해와 달은 제2실 널길,
제2실과 제3실 널방 천장석에 그려졌다.[4] 제2실 널길 천장의 해와 달,

4　삼실총 벽화는 池內宏·梅原末治, 1940, 『通溝』卷下(日滿文化協會) 21~27쪽, 도판 47~68에 비
　교적 상세히 실렸다. 재조사 보고서는 1981년 발표되었다(李殿福, 1981, 「集安洞溝三室墓壁畵補
　正」『考古與文物』1981年 3期, 123~126, 118쪽).

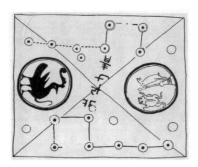

그림 4 장천1호분 널방 천장석의 '해와 달'

별자리는 흔적만 희미하게 남아 있어 해와 달의 상징요소가 무엇이었는지 알 수 없다.[5] 제2실과 제3실 널방 천장의 해와 달, 별자리는 배치 방식이 장천1호분 널방 천장의 그것과 큰 차이가 없다. 그러나 해와 달의 상징요소까지 장천1호분과 같았는지는 알 수 없다. 삼실총 재조사 보고서는 제2실과 제3실의 널방 천장석에 해와 달이 그려졌다는 사실만 확인해 줄 뿐이다.

통구사신총에서 해와 달은 두 유형으로 나타난다.[6] 이 고분에서 성좌형 해와 달은 널방 천장고임의 낮은 층에, 신격형 해와 달은 널방 천장고임의 높은 층에 표현되었다. 순수 성좌형으로 그려진 천장고임 제1단 동쪽과 서쪽 해와 달의 상징요소는 각각 나래를 펼친 세발까마귀와 등을 보이며 엎드린 두꺼비이다.

나래를 펼친 세발까마귀의 표현에는 기교나 장식이 더해지지 않았

---

5 李殿福, 1981, 「集安洞溝三室墓壁畵補正」『考古與文物』 1981年 3期, 118쪽, 123~126쪽.

6 통구사신총 발견 초기의 상황과 벽화는 池內宏·梅原末治, 1940, 『通溝』卷下(日滿文化協會), 29~36쪽, 도면 69~92 참조.

그림 5 통구사신총 널방 천장고임의 '해신과 달신'

다. 달 안에 엎드려 있는 두꺼비는 네 다리가 짧은 깃털만 남은 퇴화된
나래와 같은 형태로 표현되어 작은 머리에 지나치게 큰 몸체를 지닌
양서류 동물이 날아오르려는 듯한 기괴한 느낌을 준다. 눈길을 끄는
것은 해와 달의 한가운데에 뚫린 둥근 구멍이다. 해와 달뿐 아니라 같
은 층의 남쪽과 북쪽에 그려진 귀면(鬼面)의 크게 벌린 입 한가운데에
도 둥근 구멍이 뚫려 있는 점, 네 개의 구멍 모두에 쇠녹의 흔적이 있는
것으로 보아 이들 구멍은 널방 벽에 드리워졌던 휘장을 거는 데 쓰인
걸이용 고리구멍이었을 것으로 추정된다.[7]

널방 천장고임 제2단의 동면에 그려진 복희형 해신과 여와형 달신
이 머리 위로 받쳐 든 해와 달의 상징요소는 천장고임 제1단에서와 같
이 세발까마귀와 두꺼비이다(그림 5). 상반신은 사람이고 하반신은 용
인 해신과 달신 가운데 해신이 걸친 천의의 깃 끝은 위로 뻗치며 펄럭

---

7   쇠녹 흔적이 있는 휘장걸이용 고리 구멍은 통구12호분 북실 벽 상단에도 있다. 고리 구멍의 형태,
간격, 배치 상태 등은 王承禮·韓淑華, 1964, 「吉林集安通溝第十二號高句麗壁畵墓」『考古』1964年
2期 참조.

인다. 이와 달리 달신이 걸친 천의의 깃 끝은 아래로 숙여져 있어 마치 새가 나래를 접으려는 듯한 느낌을 준다.

오회분5호묘에서도 해와 달은 두 가지 유형으로 표현된다.[8] 별자리의 형태로만 표현되는 순수 성좌형 해와 달이 그 하나이며, 해신과 달신을 동반한 신격형 해와 달이 다른 하나이다. 순수 성좌형 해와 달은 널방 천장고임 제3단 동쪽과 서쪽에, 신격형 해와 달은 널방 천장고임 제2단 동북쪽에 그려졌다(그림 6).

널방 천장고임 제2단 동북쪽에는 복희형 해신과 여와형 달신이 묘사되었으며 이들이 머리 위로 받쳐 들고 있는 해와 달의 상징요소는 각기 세발까마귀와 두꺼비이다. 붉은 선으로 테두리 진 해 안에서 검은빛 세발까마귀는 하늘을 향해 나래를 펼쳐 날아오르려는 듯한 자세이다. 까마귀의 볏은 앞머리에서 위로 송곳처럼 뾰족하게 솟아올랐고 머리 뒤로는 볏이 뻗어 나갔으며 부리는 벌렸다. 검은 선으로 테두리 지어진 달 속에는 등을 보이며 엎드린 두꺼비가 묘사되었다.

상반신은 사람이고 하반신은 용인 해신과 달신은 하늘 세계의 신비한 나무를 사이에 두고 머리 위 두 손으로 해와 달을 받쳐 들었다. 두 신은 서로를 마주 보는 상태로 천의를 펄럭이며 날아오르는 자세이다. 날카로운 발톱을 드러낸 채 앞뒤로 힘 있게 펼친 해신과 달신의 두 다리와 굵은 꼬리는 오색으로 채색되어 천장고임 각층 곳곳에 보이는 용의 몸체를 연상시킨다.

---

8   오회분5호묘 벽화에 대한 구체적 서술은 吉林省博物館(李殿福·方起東), 1964, 「吉林輯安五塊墳四號和五號墓淸理略記」『考古』1964年 2期 참조.

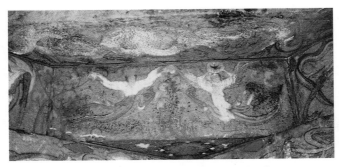

그림 6 오회분5호묘 널방 천장고임의 '해신과 달신'

널방 천장고임 제3단의 해와 달은 제2단의 해신과 달신이 받쳐 든 해와 달과 같다. 해의 상징요소는 세발까마귀인데, 천인을 태우고 하늘을 나는 오색용의 꼬리와 뒷다리에 가려 배와 세 다리 부분만 보이게 표현되었다. 해에 대한 인식과 관련하여 눈길을 끄는 표현이다.

오회분4호묘의 해와 달도 신격형과 성좌형이라는 두 가지 유형으로 표현되었다.[9] 널방 천장고임 제1단의 서북 면에 그려진 해신과 달신이 받쳐 든 해와 달, 널방 천장고임 제3단 동북 면과 서남 면의 해와 달의 상징요소는 나래를 펼친 세발까마귀와 등을 보이며 엎드린 두꺼비이다.

해신이 받쳐 든 해 안의 세발까마귀는 천장고임 제3단의 순수 성좌형 해에서와는 달리 대략적인 형상만 표현되었다. 달신이 받쳐 들고 있는 달 속의 두꺼비 역시 묘사가 개략적이다. 머리는 부엉이와 같이

9 　오회분4호묘는 오회분5호묘와 함께 중국학자들에 의해 상세히 조사되었다(吉林省博物館(李殿福·方起東), 1964,「吉林輯安五塊墳四號和五號墓清理略記」『考古』1964年 2期).

양 끝 모서리가 뾰족하게 튀어나왔고 네 다리는 가는 막대와 같은 등 몸의 각 부분이 조화를 이루지 못한 상태이다. 천장고임 제1단의 해신과 달신이 걸친 천의의 굵고 긴 깃은 좌우로 힘 있게 펼쳐졌다. 굵은 꼬리는 'V'자형으로 휘고 두 뒷다리는 'ㅡ'자형으로 앞뒤로 뻗어 억세고 강한 운동감을 표출하고 있다(그림 7).

천장고임 제3단 동북 면에 그려진 해 안의 세발까마귀는 나래를 펼치고 날아오르려는 듯한 자세이다(그림 8). 곤충의 더듬이처럼 끝이 휜 볏이 머리 위로 길게 뻗어 올랐으며 펼친 두 나래는 반원을 이루었다. 까마귀의 나래와 꼬리, 나래와 다리 사이로는 가느다란 더듬이 모양의 호선이 여러 줄 뻗어나와 까마귀가 상서로운 존재임을 알려준다. 천장고임 서남 면에 그려진 달 속의 두꺼비는 등을 보이며 엎드려 있다(그림 9). 몸통보다 다리가 가늘고 힘 없게 표현되었다.

위에서 살펴본 집안 계열 벽화고분에 그려진 해와 달의 형태, 위치

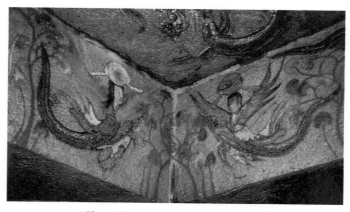

그림 7 오회분4호묘 널방 천장고임의 '해신과 달신'

그림 8 오회분4호묘 널방 천장고임의 '해'

그림 9 오회분4호묘 널방 천장고임의 '달'

등을 알기 쉽게 정리하면 표 1과 같다. 표 1에서 알 수 있듯이 두방무덤
이 주류를 이루는 5세기의 벽화고분에서는 순수 성좌형 해와 달이 주
류를 이루며, 해는 붉게, 달은 희게 채색되는 것이 일반적이다. 해와 달
의 주된 상징요소는 공작형 볏을 지닌 세발까마귀와 등을 보이며 엎드
린 두꺼비이다. 장천1호분에서와 같이 달의 상징요소로 두꺼비 외에
불사약을 찧는 옥토끼가 더하여지는 예도 있다.

　상징요소의 표현기법, 특히 세발까마귀의 표현은 시대의 흐름에 따
라 세련되어간다. 각저총, 무용총 등 5세기 전반의 벽화고분에서는 세
발까마귀를 목이 짧고 부리는 두꺼우며, 머리 위의 두꺼운 볏이 'ㅡ' 자
형으로 뒤로 길게 뻗어나가게 그려 전체적으로 정물과 같은 느낌을 준

표 1 집안 지역 해와 달의 고분별 표현방식

고분 유형	고분명	편년	해와 달의 유형		해		달		비고
			대분류	소분류	위치·방향	상징요소	위치·방향	상징요소	
여러 방 무덤	각저총	5세기 초	성좌형	순수 성좌	널방 천장고임 2단 동쪽	공작볏 서 있는 세발까마귀	널방 천장 평행고임 2단 서쪽	엎드린 두꺼비	천장: 연꽃
	무용총	5세기 중			널방 천장고임 4단 동쪽	공작볏 서 있는 세발까마귀	널방 천장고임 4단 서쪽	엎드린 두꺼비	천장: 연꽃
	장천 1호분	5세기 중			널방 천장석 동쪽	공작볏 서 있는 세발까마귀	널방 천장석 서쪽	엎드린 두꺼비, 약 찧는 옥토끼	천장: 해, 달, 별자리
이형 세방 무덤	삼실총	5세기 중	성좌형	(순수 성좌?)	2실 널길 천장석	?	2실 널길 천장석	?	천장: 해, 달, 별자리
					2실 천장석	?	2실 천장석	?	천장: 해, 달, 별자리
					3실 천장석	?	3실 천장석	?	천장: 해, 달, 별자리
외방 무덤	통구 사신총	6세기 전반	성좌형	순수 성좌	널방 천장고임 1단 동쪽	나래 펼친 세발까마귀	널방 천장고임 1단 서쪽	엎드린 두꺼비	천장: 황룡 순수 성좌형이 복희, 여와형 보다 아래에 위치 복희, 여와 사이에 나무 없음.
			신격형	복희, 여와	널방 현실 천장고임 2단 동쪽	나래 펼친 세발까마귀	널방 천장고임 2단 동쪽	엎드린 두꺼비	
	오회분 5호묘	6세기 전반	성좌형	순수 성좌	널방 천장고임 3단 동쪽	나래 펼친 세발까마귀	널방 천장고임 3단 서쪽	엎드린 두꺼비	천장: 청룡, 백호 순수 성좌형 해가 천인과 용에 가림. 복희, 여와 사이에 부채꼴나무
			신격형	복희, 여와	널방 천장고임 2단 동쪽	나래 펼친 세발까마귀	널방 천장고임 2단 동북쪽	엎드린 두꺼비	
	오회분 4호묘	6세기 후반	성좌형	순수 성좌	널방 천장고임 3단 동북쪽	나래 펼친 세발까마귀	널방 천장고임 3단 서남쪽	엎드린 두꺼비	천장: 황룡 복희, 여와 사이에 부채꼴나무
			신격형	복희, 여와	널방 천장고임 1단 서북쪽	나래 펼친 세발까마귀	널방 천장고임 1단 서북쪽	엎드린 두꺼비	

다. 이와 달리 장천1호분과 같은 5세기 후반의 벽화고분에서는 세발까마귀를 긴 목과 가는 부리, 대각선 방향으로 부드럽게 뻗은 볏을 지닌 날렵한 느낌의 새로 그린다.

해와 달의 표현 위치는 5세기 전반의 벽화고분에서는 널방 천장고임, 5세기 후반의 벽화고분에서는 널방 천장석으로 차이를 보인다. 그러나 이러한 표현 위치의 차이가 특별한 의미를 담고 있는지는 확실치 않다.

이처럼 5세기 집안 계열 벽화고분에서 발견되는 해와 달은 상징요소 및 표현기법, 표현 위치 등이 시기에 따라 조금씩 차이를 보인다. 그러나 유형적인 면에서는 예외 없이 순수 성좌형으로만 표현된다. 이와 달리 6세기 벽화고분에서는 5세기 벽화고분에서는 보이지 않던 새로운 유형의 해와 달 그림이 나타난다. 이른바 해신, 달신과 함께 나타나는 신격형 해와 달이다.

표 1에서도 확인되듯이 6세기에 축조된 통구사신총, 오회분5호묘, 오회분4호묘의 널방 천장고임에는 고대 중국의 신화에 등장하는 창조와 재생의 신인 복희와 여와가 두 손으로 해와 달을 받쳐 든 해신과 달신으로 표현된다. 이들 복희형 해신과 여와형 달신은 고구려의 전통적인 신앙 대상과는 거리가 있는 존재이다. 따라서 6세기 벽화고분에서 순수 성좌형 해와 달과 함께 나타나는 복희형 해신과 여와형 달신은 5세기까지의 해와 달 신앙과는 다른 성격과 내용의 인식과 표현이 6세기를 전후하여 집안 국내성 지역에 전해지고 수용되었을 가능성을 고려하게 한다. 복희형 해신과 여와형 달신이 평양 일대의 낙랑계 유물과 유적에서는 확인되지 않는다는 사실을 고려할 때, 6세기 집안 벽화고분에 보이는 이와 같은 표현은 여러 가지 의미를 담고 있는 듯이 보인다.

6세기의 벽화고분에서 해와 달의 상징요소는 성좌형이나 신격형 모두 세발까마귀와 두꺼비이다. 그러나 표현기법은 두 유형에서 차이가 드러난다. 성좌형의 세발까마귀와 두꺼비는 구체적으로 그려지지만, 신격형의 두 상징요소는 개략적으로 묘사된다. 해와 달을 받쳐 든 해신과 달신이 정성스러운 필치로 그려지는 것과는 대조적이다. 이것은 해신과 달신에 부여되는 의미와 두 신이 들고 있는 해와 달에 더해지는 문화적, 종교적 무게의 차이로 말미암았을 가능성이 크다.

2) 평양 계열 고분벽화의 해와 달

여러방무덤 계열 고분벽화의 해와 달

평양 계열 벽화고분 가운데 무덤칸 벽화에서 해와 달이 확인되는 무덤은 19기에 달한다. 무덤칸에서의 위치와 표현방식을 고려하여 여러방 무덤과 외방무덤으로 나누어 살펴보고자 한다. 무덤칸 벽화에 해와 달이 남아 있는 여러방무덤은 안악3호분을 비롯하여 덕흥리벽화분, 약수리벽화분, 연화총, 대안리1호분, 천왕지신총, 쌍영총 등 7기이다. 안악3호분부터 차례로 살펴보자.

357년 묵서명이 남아 있는 안악3호분은 무덤 안 회랑에 그려진 대행렬도와 피장자의 정체 문제로 특히 잘 알려진 벽화고분이다.[10] 무덤칸에서 해와 달은 앞방 천장석에 표현되었다. 무덤의 앞방 천장석은

---

10 안악3호분 벽화에 대한 상세한 보고는 황욱, 1958, 「안악제3호분발굴보고」(과학원고고학및민속학연구소, 『유적발굴보고』 3, 과학원출판사) 1~32쪽, 도판 1~79 참조.

그림 10 덕흥리벽화분 앞방 천장고임의 '해'　　**그림 11** 덕흥리벽화분 앞방 천장고임의 '달'

해와 달, 작은 원들로 이루어진 몇 개의 별자리로 장식되었는데, 동면
과 서면에 그려진 해와 달의 상징요소는 세발까마귀와 두꺼비이다. 그
러나 벽화가 그려졌던 백회가 떨어져 나가 현재는 붉고 굵은 선으로
테두리 지어진 해와 희게 채색된 달의 윤곽 정도만 확인되고 상징요소
의 형태와 자세는 알아보기 어렵다. 해와 달, 별자리를 나타내는 작은
원들의 위치로 보아 해, 달, 별자리의 원래의 배치방식은 집안 장천1호
분 널방 천장석과 같았을 가능성이 고려되나 단정하기는 어렵다.

　　408년경의 축조물인 덕흥리벽화분에는 해와 달이 앞방 궁륭고임 동
쪽과 서쪽에 그려졌다(그림 10, 11).[11] 붉은 선으로 테두리 지어진 해 안
에는 남쪽을 향해 날아가는 까마귀가, 달 속에는 등을 보이며 엎드린
두꺼비가 표현되었다. 까마귀는 비둘기와 같은 형태로 그려졌으며 두
꺼비는 풍뎅이 같은 곤충을 연상시키는 모습으로 표현되었다.

11　덕흥리벽화분 발굴보고는 단행본으로 출간되었다(박진욱·김종혁·주영헌·장상렬·정찬영, 1981,
『덕흥리고구려벽화무덤』, 과학백과사전출판사).

5세기의 두방무덤 가운데 하나인 약수리벽화분은 생활 풍속 및 사신이 벽화의 주제이다.[12] 해와 달은 널방 벽에 사신과 함께 표현되었다(그림12, 13). 약수리벽화분의 널방 벽은 붉은색 들보를 그려 넣어 화면을 위와 아래로 나눈 다음, 위에는 사신과 무덤 주인 부부 초상, 해와 달, 별자리를 그리고, 아래에는 생활 풍속에 속하는 장면들을 묘사하였다.

들보는 벽면의 ⅔ 높이에 놓였다. 널방 동벽의 해는 다른 별자리와 함께 포효하며 앞으로 내딛는 청룡의 머리 위쪽에 표현되었다. 붉은빛 해 안에는 날아가는 검은빛 세발까마귀가 그려졌다. 안료가 퇴색되어 머리와 몸체 일부는 그 형태와 자세를 알아보기 어렵다. 널방 서벽의 달은 역시 다른 별자리와 함께 백호의 머리 위쪽에 그려졌다. 붉은 선으로 테두리 지어진 달 속에는 등을 보이며 엎드린 두꺼비가 들어 있다. 꼬리가 가늘고 길며 머리는 작고 네모져 형태상 자연계의 두꺼비와는 거리가 있다. 해와 달을 나타내는 원륜은 약간 이지러져 있다.

연화총은 벽화의 주제를 알기 어려울 정도로 백회가 심하게 떨어져 나갔다.[13] 널방 천장고임 동면에 해로 전해지는 붉은 테두리의 커다란 원이 하나 남아 있다. 처음 조사 당시에는 원 안에 나래를 편 세발까마귀가 뚜렷이 남아 있었다고 하나 현재 전하는 도면상으로는 알아보기 어렵다.[14] 널방 천장고임 서면에도 노란빛 원이 아직 남아 있다. 원 안

12 약수리벽화분 발굴보고는 주영헌, 1963, 「약수리벽화무덤발굴보고」 『각지유적정리보고』(과학원 고고학및민속학연구소, 『고고학자료집』 3, 과학원출판사) 136~152쪽, 도판 64~76 참조.

13 연화총은 일제강점기에 조사된 유적이다(朝鮮總督府, 1914, 「大正元年朝鮮古蹟調査略報告」 『大正三年九月朝鮮古蹟調査略報告』, 57쪽, 102쪽, 140~141쪽, 도판 15~23).

14 조선유적유물도감편찬위원회, 1990, 『조선유적유물도감』 5(고구려편 3), 외국문종합출판사, 도면 152 참조.

그림 12 약수리벽화분 널방 천장고임의 '청룡과 해'

그림 13 약수리벽화분 널방 천장고임의 '백호와 달'

에는 두꺼비가 그려져 있었다고 전하나 확인되지 않는다.

대안리1호분에서도 해와 달은 널방 벽 상부에 사신과 함께 표현되었다.[15] 그러나 현재 남아 있는 것은 달과 별자리 가운데 일부, 사신의

15 대안리1호분 발굴보고는 과학원고고학및민속학연구소, 1959, 「평안남도룡강군대안리제1호묘발굴보고」『대동강및재령강류역고분발굴보고』(『고고학자료집』 2), 과학원출판사, 1~10쪽, 도판 1~35 참조.

그림 14 천왕지신총 널방 천장고임의 '해'

그림 15 천왕지신총 널방 천장고임의 '달'

일부이다. 대안리1호분의 널방 벽도 붉은색 들보에 의해 윗면과 아랫면으로 나뉘었다. 대안리1호분에서는 아래에 사신을, 위에 무덤 주인 부부 초상과 남녀 시종의 연회 준비, 문무 시종들의 행렬, 직녀의 베 짜기, 해와 달, 별자리를 표현하였다. 달은 시종의 행렬이 있는 널방 서벽 시종들의 머리 위에 배치되었다. 달 속에는 등을 보이며 엎드린 두꺼비를 그렸다. 머리는 반원형으로 네 다리는 호선 꼴로 그렸다. 해는 널방 동벽 위의 벽화가 남아 있지 않아 확인할 수 없다.

천왕지신총은 그림과 실물 석재를 복합한 무덤칸 구조로 잘 알려진 벽화고분이다.[16] 해와 달, 각종 별자리가 널방 천장고임에 그려졌으나 (그림 14, 15), 현재는 백회 대부분이 떨어져 나가 원형을 알아보기 어려운 부분이 많다.[17]

널방 천장 궁륭고임 동면의 위에 그린 해의 상징요소는 공작형 볏을 지닌 검은빛 세발까마귀이다. 까마귀의 볏 모양은 집안 계열인 각저총 벽화에 그려진 세발까마귀의 것과 매우 가깝다. 해는 본래 붉은빛이었을 것이나 안료의 퇴색으로 말미암아 현재는 옅은 분홍빛에 가깝다. 해가 있는 궁륭고임 동면의 북편에 묵선으로만 표현된 서조(瑞鳥) 옆에 수십 개의 동심원에 가까운 달팽이 꼴 무늬로 가득 한 원이 있으나, 어떤 별을 나타낸 것인지는 알 수 없다.

해와 대칭적인 위치에 그려진 달의 상징요소는 등을 보이며 엎드린

---

16 천왕지신총의 자세한 도면은 朝鮮總督府, 1930, 『高句麗時代之遺蹟』圖版下卷(古蹟調査特別報告第五冊) 도판 581~613 참조.

17 조선유적유물도감편찬위원회편, 1990, 『조선유적유물도감』6(고구려편4), 외국문종합출판사, 도면 122~136 참조.

그림 16 쌍영총 널방 천장고임의 '해와 달'

두꺼비이다. 두꺼비의 모습이 앞에서 살펴본 통구사신총 널방 천장고임 제1단 서면의 달 두꺼비와 유사하다. 다만 몸 전체가 짧고 가는 여러 개의 호선으로 장식되고 몸 주위 곳곳에 상서로움을 나타내는 짧은 나선이 표현되어 보다 늦은 시기에 그려진 통구사신총의 달두꺼비보다는 번잡한 느낌을 준다. 천왕지신총의 달 두꺼비는 통구사신총의 달 두꺼비가 나타나기 전 단계의 표현인 듯하다.

5세기 후반 축조된 두방무덤 가운데 무덤칸의 짜임새와 벽화의 세련도가 가장 높은 것으로 알려진 쌍영총에서는 해와 달이 널방 천장고임에 표현되었다.[18] 널방 천장고임 제4단에 해당하는 삼각고임 제1단의 동쪽 삼각석과 서쪽 삼각석 밑면에 있는 해와 달의 상징요소는 각각 공

---

18 쌍영총의 상세한 도판은 朝鮮總督府, 1915, 『朝鮮古蹟圖譜』二, 名著出版社(關野貞 外), 도판 527~581 참조.

작형 볏이 달린 세발까마귀와 불꽃을 뿜는 두꺼비이다(그림 16). 붉은빛 해 안의 세발까마귀의 볏은 끝이 나비의 더듬이 끝처럼 크게 말렸으며, 접은 나래의 끝은 몸 바깥으로 힘 있게 뻗어나왔다. 등을 보이며 엎드린 달 속의 두꺼비는 머리를 왼편으로 틀고 입에서 불꽃을 뿜는다.

사실적인 묘사의 정도에서 크게 다르지만, 불꽃을 뿜는 쌍영총 벽화 달 두꺼비의 머리 형태가 6세기 사신도무덤에 보이는 현무의 거북머리를 연상시킨다. 달 속의 두꺼비가 불을 뿜는 영물로 표현된 예는 고구려의 다른 고분벽화에서는 찾아볼 수 없다. 중국의 전한 마왕퇴1호한묘 출토 백화(帛畵) 상단에서 같은 유형의 표현 사례를 찾아볼 수 있을 뿐이다. 그러나 두꺼비의 머리와 달의 형태 등에서 세부 표현상의 차이가 뚜렷하여 양자의 영향 관계는 고려하기 힘들다.

이상에서 살펴본 평양 계열 여러방무덤 계통의 벽화고분별 해와 달의 표현방식과 위치 등을 알기 쉽게 정리하면 표 2와 같다. 표 2에서 잘 드러나듯이 해와 달의 표현형태는 순수 성좌형으로 통일되어 있으며 상징요소는 세발까마귀와 두꺼비이다. 해와 달의 다른 상징요소인 구미호와 옥토끼, 계수나무 등은 나타나지 않는다. 해와 달의 바탕색은 흰색으로 통일되어 있는 경우와 붉은색과 노란색이 대조를 이루는 사례 등 두 가지이다.

상징요소의 표현기법은 시대와 상징요소에 따라 일정치 않으나 대체적으로 보다 세련된 방향으로 나아가는 편이다. 세발까마귀의 경우 5세기 초의 무덤인 덕흥리벽화분에서는 날아가는 비둘기와 같은 형태로 표현되었으나, 5세기 후반 늦은 시기의 무덤인 쌍영총에서는 공작형 볏을 지닌 채 서 있는 전형적인 공작형 세발까마귀로 그려진다. 두

표 2 평양 지역 여러방무덤 벽화 해와 달의 표현방식

고분명	편년	해와 달 유형 대분류	해와 달 유형 소분류	해 위치, 방향	해 상징요소	달 위치, 방향	달 상징요소	비고
안악3호분	357	성좌형	순수 성좌형	앞방 천장석 동쪽	까마귀	앞방 천장석 서쪽	두꺼비	천장: 해와 달 앞방 천장 위치
덕흥리 벽화분	408			앞방 궁륭고임 동쪽	날아가는 비둘기형 까마귀	앞방 궁륭고임 서쪽	엎드린 풍뎅이형 두꺼비	천장: 연꽃, 해와 달이 앞방 궁륭고임 상징요소 표현 비사실적
연화총	5세기 전반			널방 천장고임 동쪽	나래 펼친 세발까마귀(?)	널방 천장고임 서쪽	엎드린 두꺼비(?)	천장: 연꽃
약수리 벽화분	5세기 전반			널방 동벽 상부	세발까마귀	널방 서벽 상부	엎드린 네모머리 두꺼비	천장:? 해와 달, 별이 사신과 함께 벽 상부에 표현 두꺼비 표현이 비사실적
대안리1호분	5세기 중			널방 동벽 상부	(세발까마귀)	널방 서벽 상부	엎드린 두꺼비	천장:? 달이 널방벽 상부 인물 행렬 위에 표현
천왕지신총	5세기 중			널방 궁륭고임 상단 동쪽	공작형 볏의 서 있는 세발까마귀	널방 궁륭고임 상단 서쪽	(두꺼비?)	천장: 금강석 모양의 무늬 궁륭고임에 해와 달 크기의 항성이 표현
쌍영총	5세기 후반			널방 천장고임 4단 동쪽	공작형 볏의 서 있는 세발까마귀	널방 천장고임 4단 서쪽	엎드려 화염 뿜는 두꺼비	천장: 연꽃, 두꺼비가 화염 뿜는 영물로 표현

꺼비의 경우, 덕흥리벽화분에서는 풍뎅이와 같이 볼품없는 모습으로 그렸으나, 쌍영총에 이르러서는 불꽃을 뿜는 영물로 표현된다.

해와 달의 표현 위치는 벽, 천장고임, 천장석 등이며 앞방에 표현되는 경우와 널방에 표현되는 두 가지 경우로 나뉜다. 표 2에서 알 수 있듯이 7기의 해와 달 그림이 있는 여러방무덤 가운데 해와 달이 앞방에 표현된 벽화고분은 비교적 이른 시기의 무덤인 안악3호분과 덕흥리벽화분 등 2기뿐이다. 벽화고분 축조 초기 평양 지역에서의 해와 달 인식과 관련하여 주목되는 현상이다.

외방무덤 계열 고분벽화의 해와 달

해와 달 그림이 남아 있는 평양권 외방무덤은 안악1호분, 복사리벽화분, 성총, 수렵총, 우산리1호분, 덕화리1호분, 덕화리2호분, 개마총, 진파리4호분, 진파리1호분, 내리1호분, 강서중묘 등 모두 12기이다. 해와 달의 표현방식 및 무덤칸에서의 위치, 동반요소 등을 무덤별로 살펴보면 아래와 같다.

평양 계열의 외방무덤 계열 벽화고분 가운데 해와 달 그림이 남아 있는 가장 이른 시기의 무덤은 4세기 말 축조된 것으로 추정되는 안악1호분과 복사리벽화분이다. 안악1호분에서 해와 달은 널방 천장고임 제5단에 해당하는 삼각고임 제2단의 서편 및 동편 삼각석 밑면에 표현되었다(그림 17).[19] 해 안의 세발까마귀는 백회가 떨어지고 안료가 심하게 퇴색되어 원래의 형태를 거의 알아볼 수 없는 상태이다. 달 속에 그려졌던 엎드린 두꺼비의 모습도 희미하게 남아 있을 뿐이다. 해가 서편에, 달이 동편에 표현된 특이한 예로 표현 위치와 관련된 과학적, 혹은 신앙적인 근거가 무엇인지 눈길을 끄는 무덤이다.

복사리벽화분의 널방 천장 구조는 궁륭고임이며 천장 벽화의 중심 요소는 별자리와 구름무늬이다.[20] 해는 궁륭고임 동면 상단부의 가운데에 붉은 원륜으로 표현되었다. 해를 상징하는 요소는 별도로 표현되지 않았다. 달이 그려졌던 곳으로 추정되는 천장 서면 상단부의 벽화

---

19 채병서, 1958, 『안악 제1호분 및 제2호분 발굴보고』(과학원고고학및민속학연구소, 『유적발굴보고』 IV) 과학원출판사, 1~21쪽.

20 복사리벽화분에 대한 상세한 보고는 전주농, 1963, 「황해남도 안악군 복사리벽화무덤」 『각지유적정리보고』(과학원고고학및민속학연구소, 『고고학자료집』 3, 과학원출판사) 153~161쪽, 도판 77~78 참조.

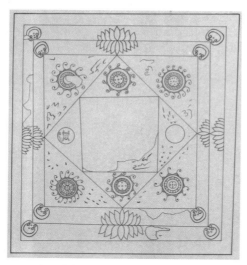

그림 17 안악1호분 널방 천장고임 벽화의 '모사선화'

는 백회가 떨어져 나가 몇 개의 별자리와 작은 별들만 부분적으로 남아 있을 뿐이다. 해가 단순히 붉은 원륜의 형태로만 표현된 것으로 보아, 달도 노란 원륜의 모습으로 묘사되었을 가능성이 크다. 그러나 그 일부도 남아 있지 않은 상태이므로 단언할 수는 없다.

복사리벽화분에서와 같이 해가 원륜으로만 표현된 예를 집안 계열의 벽화고분에서는 찾아볼 수 없으며, 앞에서 살펴본 평양 지역 여러 방무덤 벽화고분에서도 발견할 수 없다. 그러나 평양권의 외방무덤 계열 벽화고분에서는 복사리벽화분에서와 같이 원륜의 형태로만 해를 나타낸 예를 더 찾아볼 수 있다. 성총이 그러한 예이다.

성총은 무덤 규모와 무덤칸 구조, 벽화의 표현 수준 등으로 보아 5

세기 고구려 하급 귀족의 무덤으로 추정된다.[21] 성총은 널방 벽을 사신 위주로 장식한 사신도무덤의 하나이다.[22] 해와 달은 널방 천장고임 제5단에 해당하는 삼각고임 제1단의 동편과 서편 삼각석 밑면에 표현되었다. 해와 달은 먹선으로 그은 테 둘레에 더듬이 모양 나선문이 있는 붉은 원륜으로 그려졌다. 컴퍼스를 쓰지 않아 정확한 원을 이루지 못한 일륜과 월륜 안에는 해와 달을 상징하는 요소가 전혀 표현되지 않았다. 천장고임 곳곳에 남아 있는 크고 작은 별들도 해와 달처럼 컴퍼스 없이 그려 원의 형태가 이지러진 것이 많다.

　무덤칸 구조가 성총과 비슷한 수렵총[매산리사신총]에서는 해와 달이 사신과 함께 널방 벽에 묘사되었다(그림 18, 19).[23] 해는 청룡과 기마인물이 그려진 널방 동벽에 묘사되었고, 달은 백호와 사슴 사냥 중인 기마인물이 그려진 널방 서벽에 표현되었다. 붉은빛 해 안에는 나래를 편 세발까마귀가 서 있는데, 목이 가늘고 긴 편이며 머리의 생김이 까마귀라기보다는 원앙류의 새에 가깝다. 달의 테두리는 널방에 침투한 빗물과 습기로 말미암아 안료가 녹아내리면서 거의 지워진 상태이다. 달 속의 두꺼비는 등을 보이며 엎드린 모습으로 표현되었는데, 그 형태가 풍뎅이류의 곤충을 연상시킨다.

　우산리에서 발견된 3기의 벽화고분 가운데 무덤칸 보존 상태가 비교

21　최택선은 무덤칸 규모를 위주로 벽화고분을 6등급으로 나누면서 성총을 제5등급에 해당하는 무덤의 하나로 보았다. 최택선의 분류에 따르면 제5, 6등급의 벽화고분은 조위두대형급 인물이 묻힌 무덤이다(최택선, 1988,「고구려 벽화무덤의 피장자에 관한 연구」『고고민속론문집』11, 4~54쪽).

22　성총 벽화는 朝鮮總督府, 1915,『朝鮮古蹟圖譜』二, 名著出版社(關野貞 外) 도판 499~509 참조.

23　수렵총은 매산리사신총으로도 불린다(朝鮮總督府, 1915,『朝鮮古蹟圖譜』二, 名著出版社(關野貞 外), 도판 459~478).

그림 18 수렵총 널방 동벽의 '청룡과 해'

그림 19 수렵총 널방 서벽의 '백호와 달'

적 양호한 우산리1호분은 벽화의 남은 흔적으로 보아 사신도무덤이다.[24] 남향인 무덤의 널방 동벽에 묵선으로 윤곽만 그린 세발까마귀가 그려져

---

24 우산리벽화분은 별도의 상세한 발굴보고가 없다(안병찬, 1978, 「새로 발굴한 보산리와 우산리 고구려벽화무덤」 『력사과학』 1978년2호, 46~48쪽).

그림 20 덕화리1호분 널방 천장고임의 '해와 달'

있다. 둘레의 원륜은 남아 있지 않으나 위치와 표현내용으로 보아 해를 나타냈던 흔적으로 판단된다. 널방 서벽에는 백호의 몸체 일부가 남아 있다. 동벽과 서벽의 벽화 흔적으로 보아 우산리1호분의 널방 네 벽은 사신으로 장식되고 동벽과 서벽에는 해와 달이 그려졌음을 알 수 있다.

덕화리1호분은 이웃한 덕화리2호분과 함께 널방 천장고임의 정치한 일월성수도로 잘 알려진 벽화고분의 하나이다.[25] 널방 벽화의 주제는 사신이나 안벽인 북벽 상부에는 무덤 주인 부부와 남녀 시종의 행렬이 표현되었다. 덕화리1호분에서 해와 달은 널방 천장 평행삼각고임 제4단 동면과 서면에 그려졌다(그림 20, 21).

묵선으로 바깥 원을, 붉은 선으로 안쪽 원을 그린 해 안에는 공작형

---

25 덕화리1호분 벽화는 朝鮮畫報社編輯部 編, 1985, 『高句麗古墳壁畵』 講談社, 도판 135~143에 잘 소개되어 있다.

그림 21 덕화리1호분 널방 천장고임의 '해'

볏을 지닌 세발까마귀가 나래를 접은 채 서 있다. 묵선의 원으로만 표현된 달 속에는 엎드린 두꺼비와 앉아 있는 옥토끼가 들어 있다. 세발까마귀의 머리 위로 비스듬히 뻗어 나간 볏은 끝이 더듬이처럼 크게 말렸으며, 나래 끝은 차분히 몸에 붙어 있다.

등을 보이며 엎드린 두꺼비는 사실적인 형태로 표현되었고, 거칠고 뻣뻣한 느낌이 드는 털이 듬성듬성 나 있는 옥토끼는 쥐처럼 뾰족하게 튀어나온 주둥이를 지녔다. 옥토끼는 앞발을 들고 사람처럼 앉아 있을 뿐이다. 불사약을 찧는 약절구나 공이는 지니고 있지 않다. 덕화리2호분에서 해와 달은 널방 천장 평행삼각고임 제3단 동면과 서면에 그려졌다.[26] 해와 달의 형태, 상징요소는 덕화리1호분 벽화와 같다(그림 22).

26　덕화리2호분 역시 朝鮮畵報社編輯部 編, 1985, 『高句麗古墳壁畵』 講談社, 도판 144~151에서 벽화를 확인할 수 있다.

그림 22 덕화리2호분 널방 천장고임의 '달'

개마총 역시 널방 벽화의 주제는 사신이다.[27] 해와 달은 널방천장 평행고임 제2단의 동면과 서면에 표현되었다(그림 23, 24). 자줏빛 해 안에는 나래를 펼치고 날아오르려는 자세의 까마귀가 들어 있는데, 그형태가 비둘기를 연상시킨다. 까마귀의 몸 주위로는 상서로움을 뜻하는 더듬이 모양의 나선문이 여러 줄 표현되었다. 서면의 달 속에는 옆모습을 보이며 엎드린 두꺼비와 약 찧는 옥토끼가 들어 있다. 'ㅡ' 자형의 긴 막대기꼴 공이를 쥐고 항아리 모양의 약절구 속에 들어 있는 불사약을 찧는 옥토끼의 자세는 사람을 연상시킬 정도로 의인화되었다. 백회가 떨어져 나가 머리의 형태는 알 수 없으나 오른쪽 뒷발은 앞으로 내딛으며 무릎을 구부리고 왼쪽 뒷발은 뒤로 빼 무릎을 살짝 구부

27　개마총은 일제강점기에 조사되었다(朝鮮總督府, 1917, 『大正五年度古蹟調査報告』 678쪽, 도판 312~324).

그림 23 개마총 널방 천장고임의 '해'

그림 24 개마총 널방 천장고임의 '달'

리면서 버틴 자세이다. 두 앞발로 공이 자루 위를 엇갈리게 쥐고 힘 있게 약을 찧는 옥토끼의 모습은 거의 사람에 가깝다.

진파리4호분에서 달은 백호가 그려진 널방 서벽에 표현되었다.[28] 달 속에는 계수나무와 옥토끼가 그려졌으나, 백회가 떨어져 나가 옥토끼

---

28 진파리4호분은 일제강점기에 간단히 조사되었고, 북한학자들이 재조사 후 상세한 발굴보고를 내놓았다. 전주농, 1963, 「전동명왕릉부근벽화무덤」『각지유적정리보고』(과학원고고학및민속학연구소, 『고고학자료집』 3, 과학원출판사), 171~188쪽, 도판 90~96 참조.

그림 25 진파리1호분 널방 천장석의 '해와 달'

의 모습이 부분적으로만 남아 있다. 흔히 옥토끼와 함께 나타나는 약 절구나 공이 같은 도구, 달의 또 다른 상징요소인 두꺼비는 보이지 않는다. 해가 그려졌을 가능성이 높은 동벽 위쪽 벽화는 현재 남아 있지 않다.

진파리1호분의 해와 달은 널방 천장석에 그려졌다(그림 25).[29] 끝이 시계 반대 방향으로 휜 불꽃 모양 장식으로 둘러싸인 해 안에는 세발 까마귀가 서 있다. 나래를 활짝 펴고 날아오르려는 듯한 자세의 세발 까마귀는 그 형태적 특징이 공작류의 새에 가깝다. 해에서와 같은 형

---

29 전주농, 1963, 「전동명왕릉부근벽화무덤」 『각지유적정리보고』(과학원고고학및민속학연구소, 『고고학자료집』 3, 과학원출판사) 171~188쪽, 도판 97~103 참조.

그림 26 내리1호분 널방 천장고임의 '달'

태의 불꽃 모양 장식으로 둘러싸인 달 속에는 계수나무와 옥토끼, 두
꺼비가 들어 있다. 계수나무 왼쪽 아래의 옥토끼는 뒷발로 서서 약절
구에 들어 있는 불사약을 찧고 있는데, 서 있는 자세가 사람과 같다. 계
수나무 오른쪽 아래의 두꺼비도 사람처럼 서 있는데, 자세로 보아 옥
토끼와 함께 불사약을 찧는 듯하다. 달 속의 두꺼비가 사람과 같이 서
있는 자세로 표현되기는 개마총에 이어 두 번째이다.

　널방 천장고임의 벽화가 더 잘 남아 있는 내리1호분에는 해와 달이
널방 천장 평행고임 제2단의 동면과 서면에 그려졌다(그림 26).[30] 평행

30　내리1호분에 대해서는 朝鮮古蹟硏究會, 1937, 『昭和十一年度古蹟調査報告』朝鮮總督府(小
場恒吉·有光敎一·澤俊一) 19~25쪽, 도판 16~24 참조.

고임 동면 한가운데 그려진 해의 상징요소는 세발까마귀이다. 백회가 떨어져 나감으로 말미암아 현재는 세발까마귀의 머리 일부분만 남아 있다. 평행고임 서면의 달 속에는 계수나무와 옥토끼의 뒷발 일부, 약절구의 밑동이 남아 있다. 남은 흔적으로 보아 본래는 달 속 계수나무 아래에 불사약을 찧는 옥토끼가 그려졌음을 알 수 있다. 백회가 떨어져 나간 다른 부분에 두꺼비도 표현되었는지는 알 수 없다. 해와 달이 그려진 천장고임 동면과 서면의 다른 공간에는 원경의 산봉우리를 그렸다.

강서중묘에서 해와 달은 널방 천장석에 그려졌다(그림 27, 28).[31] 천장석 한가운데 커다란 연꽃을 그리고, 연꽃의 동쪽에는 해, 서쪽에는 달, 남쪽과 북쪽에는 봉황, 네 모서리에는 화려한 인동연꽃의 ¼씩을 그렸다. 구름으로 둘러싸인 붉은빛 해 안에는 나래를 펼치고 날아가는 세발까마귀를 그렸는데, 날아가는 모습이 기러기를 연상시킨다. 달 속의 두꺼비는 등을 보이며 엎드려 있다. 형식적으로 표현된 타원형 몸체와 짧은 네 다리로 말미암아 강서중묘의 달 두꺼비는 진딧물 같은 곤충을 떠올리게 한다.

위에서 살펴본 내용을 알기 쉽게 정리하면 표 3과 같다. 표 3에서 먼저 눈에 뜨이는 것은 집안 계열에서는 보이지 않던 원륜으로만 이루어진 해와 달이 평양 계열 외방무덤계 벽화고분에서 나타난다는 점이다. 4세기 말로 편년되는 복사리벽화분과 5세기 전반으로 편년되는 성총

---

31 강서중묘는 강서대묘와 함께 조사 뒤, 여러 차례 모사도가 제작되었다. 발굴 초기의 도판은 朝鮮總督府, 1915 『朝鮮古蹟圖譜』 二, 名著出版社(關野貞 外), 도판 601~602, 604, 630~645 참조.

그림 27 강서중묘 널방 천장석의 '해와 달'

그림 28 강서중묘 널방 천장석의 '해와 달 모사도'

에서 해와 달은 상징요소 없이 다른 별들과 같이 크고 둥근 원으로만 그려진다. 세발까마귀 및 두꺼비와 관련된 일월설화(日月說話)에 근거한 표현이 이 두 고분에서는 적용되지 않는 것이다.

다음으로 지적할 것은 달을 상징하는 요소로서 두꺼비 이외의 존재가 새로이 등장한다는 사실이다. 두꺼비와 함께 달의 새로운 상징요소로 옥토끼와 계수나무가 나타난다. 이들은 앞에서 살펴보았듯이 평양계열 여러방무덤 벽화고분의 달에서는 보이지 않던 존재들이다. 평양계열 외방무덤계열 벽화고분에서 발견되는 달을 상징하는 요소로서의 두꺼비, 옥토끼, 계수나무의 조합방식은 크게 세 가지로 나눌 수 있다.

첫째로 두꺼비와 옥토끼가 짝을 이룬 경우이다. 5세기 말로 편년되는 덕화리1호분과 덕화리2호분 및 6세기 전반의 고분인 개마총 벽화의 달이 이에 해당한다. 눈길을 끄는 것은 개마총 벽화에 보이는 달 속 옥토끼는 불사약을 찧는 모습으로 표현되었지만, 덕화리1호분과 덕화리2호분벽화의 옥토끼는 두꺼비 옆에 서 있는 모습으로만 그려진 점이다. 이처럼 옥토끼가 약절구를 동반하지 않은 상태로 그려진 예를 고구려의 다른 고분벽화에서는 찾아볼 수 없다.[32] 이러한 표현이 지닌 의미에 대해서는 뒤에 논하기로 하자.

둘째, 달의 상징요소로 두꺼비가 빠지고 토끼와 계수나무가 짝을 이루어 나타나는 경우이다. 진파리4호분과 내리1호분 벽화의 달이 그러

---

32 중국의 후한대 고분 중에는 달과 유사한 표현의 예를 찾아볼 수 있다. 산동 임기 백장 동한묘 출토 화상석의 여와형 월신이 배에 품고 있는 달 속에는 엎드린 두꺼비 옆에 아무것도 들지 않고 사람처럼 서 있는 옥토끼를 표현하였다(中國美術全集編輯委員會編, 1990, 『中國美術全集』 卷18, 34쪽 도판39). 두 상징요소의 자세와 위치, 세부 표현 등 덕화리1호분 및 2호분 벽화 달 속 두 동물의 그것과 닮은 점이 많다.

표 3 평양 계열 외방무덤 벽화 해와 달의 표현방식

고분명	편년	해와 달의 유형		해		달		비고
		대분류	소분류	위치, 방향	상징요소	위치, 방향	상징요소	
안악1호분	4세기 말	성좌형	순수성좌형	널방 천장고임 5단 서쪽	까마귀	널방 천장고임 5단 동쪽	엎드린 두꺼비	천장: 연꽃 해가 서쪽 달이 동쪽에 표현
복사리 벽화분	4세기 말			널방 궁륭고임 상단 동쪽	없음(원륜)	널방 궁륭고임 상단 서쪽	?	천장:? 해와 달이 원륜으로만 표현
성총	5세기 전반			널방 천장고임 5단 동쪽	없음(원륜)	널방 천장고임 5단 서쪽	없음(원륜)	천장: 연꽃 해와 달이 원륜으로만 표현
수렵총	5세기 후반			널방 동벽 상단	나래 펼친 공작형 세발까마귀	널방 서벽 상단	엎드린 풍뎅이형 두꺼비	천장: ? 사신과 함께 널방 벽에 표현
덕화리1호분	5세기 말			널방 천장고임 4단 동쪽	공작형 볏의 서 있는 세발까마귀	널방 천장고임 4단 서쪽	엎드린 두꺼비 서 있는 옥토끼	천장: 연꽃 옥토끼가 약절구를 지니고 있지 않음
덕화리2호분	5세기 말			널방 천장고임 3단 동쪽	공작형 볏의 서 있는 세발까마귀	널방 천장고임 3단 서쪽	엎드린 두꺼비 서 있는 옥토끼	천장: 연꽃 옥토끼가 약절구를 지니고 있지 않음
우산리1호분	5세기 말			널방 동벽 상단	까마귀	널방 서벽 상단(?)	?	천장: 별자리
개마총	6세기 전반			널방 천장고임 2단 동쪽	나래 펼친 비둘기 세발까마귀	널방 천장고임 2단 서쪽	엎드린 두꺼비 약 찧는 사람 모양 옥토끼	천장: ? 옥토끼가 의인화, 공이는 깃발 모양
진파리4호분	6세기 전반			널방 동벽 상단(?)	(공작형 세발까마귀?)	널방 서벽 상단	(두꺼비?) (약찧는?) 옥토끼 계수나무	천장: 별자리 달에 계수나무 등장, 두꺼비도 그려졌을 가능성 있음
진파리1호분	6세기 전반			널방 천장석 동쪽	화염 원륜 내 나래 펼친 공작형 세발까마귀	널방 천장석 서쪽	화염 원륜 내 서 있는 두꺼비 약 찧는 사람 모양 옥토끼 계수나무	천장과 고임: 인동연꽃 달의 세 가지 상징요소 표현
내리1호분	6세기 중			널방 천장고임 2단 동쪽	까마귀	널방 천장고임 2단 서쪽	(약찧는?) 옥토끼 발 계수나무	천장:? 달에 두꺼비 없음.
강서중묘	7세기 초			널방 천장석 동쪽	날아가는 기러기형 까마귀	널방 천장석 동쪽	엎드린 진딧물형 두꺼비	천장: 연꽃 해와 달의 상징요소 형식적으로 표현

한 예에 해당한다.

셋째로 두꺼비와 불사약 찧는 토끼 사이에 계수나무가 나타나는 경우이다. 6세기 전반의 벽화고분인 진파리1호분이 이에 해당한다. 진파리1호분 벽화의 옥토끼는 그 형태와 자세가 거의 사람에 가깝다. 월륜 안에 두꺼비의 모습은 남아 있지 않으나 진파리4호분 벽화에도 본래는 달을 상징하는 세 가지 요소가 모두 표현되었을 가능성이 있다. 해의 상징요소는 원륜으로만 표현된 복사리벽화분과 안악1호분의 경우를 제외하고는 지역이나 시기와 관계없이 모두 세발까마귀이다.

상징요소의 표현기법에서 눈에 뜨이는 현상 가운데 첫째로 지적할 것은 해와 달 그림이 남아 있는 가장 늦은 시기의 무덤인 강서중묘 단계에는 해와 달의 상징요소가 본래의 실물적 특징이 거의 남지 않은 형태로 표현된다는 점이다. 이것은 해와 달에 대한 인식의 문제와 관련이 있는 듯하다.

세발까마귀의 표현과 관련하여 눈에 뜨이는 것은 평양 계열 외방무덤 계열 벽화고분에서는 5세기 집안 계열 벽화고분에서 볼 수 있는 것과 같은 댕기처럼 길게 뻗은 공작형 볏을 지닌 세발까마귀를 찾아보기 어렵다는 사실이다. 덕화리1호분과 덕화리2호분 벽화의 세발까마귀가 5세기 집안 계열 세발까마귀의 것과 비교될 만한 볏을 지녔을 뿐이다.

이와 관련하여 하나 더 지적할 수 있는 것은 대부분 벽화고분에서는 해를 상징하는 까마귀가 전형적인 세발까마귀의 모습이 아닌 비둘기 같이 다른 종류 새처럼 묘사된다는 점이다. 전형적인 세발까마귀의 모습은 위의 덕화리1호분과 덕화리2호분벽화에서 볼 수 있는 정도이다.

두꺼비의 표현은 진파리1호분의 단계에 이르러서는 의인화가 이루어지다가 강서중묘에 이르러서는 다시 퇴화되는 모습을 보인다. 달의 새로운 상징요소인 옥토끼는 약절구와 함께 나타나면서부터 사람과 같은 형태로 표현되며 강서중묘 단계에는 다시 달에서 사라진다.

표 3에서 눈에 뜨이는 해와 달 표현의 또 다른 특징은 무덤칸 내 표현 위치, 특히 방향이다. 대부분 무덤에서 해는 동쪽에, 달은 서쪽에 그려진다. 그러나 안악1호분의 경우에는 해가 서쪽에 달이 동쪽에 그려져 해와 달에 대한 관찰 및 인식과 관련하여 주목된다. 안악1호분의 동서가 바뀐 해와 달 표현 위치는 피장자의 장례 일시와 관계있는 듯하다. 음력 보름날 저녁에 해는 하늘 서편에, 달은 하늘 동편에 있기 때문이다.[33] 벽화고분인 중국 산동 제남의 북제도귀묘(北濟道貴墓) 벽화에도 해는 널방 서벽에, 달은 널방 동벽에 그려졌다.[34]

---

33 리준걸은 달이 동쪽에서 뜨는 보름날 저녁에 무덤 매장이 이루어진 때문으로 보았다(리준걸, 1985, 「고구려 벽화무덤의 해와 달 그림에 대하여」 『력사과학』 1985년 2기, 43쪽). 필자도 이러한 견해에 동의한다.

34 濟南市博物館, 1985, 「濟南市馬家莊北濟墓」 『文物』 85年 10期, 45~48쪽.

2   한-당대 고분의 해, 달과 고구려 고분벽화의 해, 달

중국 한-당대 고분에서 발견되는 해와 달의 표현 유형은 성좌형인 양조형(陽鳥形)과 순수 성좌형, 신격형에 속하는 우인형(羽人形), 복희·여와형, 동왕공·서왕모형, 기타 유형 등 모두 6가지에 이른다.[35] 또한, 이 6가지 유형의 해와 달은 상징요소의 조합방식에 의해 해는 3가지, 달은 7가지 방식으로 표현된다. 한-당대 고분 해와 달의 유형별, 상징요소별 시대 분포 상황을 알기 쉽게 정리하면 표 4, 표 5와 같다.

이처럼 다양한 한-당대 고분에서의 해와 달 표현에 비해 고구려 고분벽화에서의 해와 달 표현은 유형 및 상징요소 조합방식이 상대적으로 단순한 편이다. 그러나 제한된 유형 및 상징요소 조합방식 안에서도 계열 및 시기에 따른 변화의 폭은 비교적 두드러져 주목된다. 이하에서 한-당대 고분에서 발견되는 해와 달 표현 유형과 시대적 경향을 염두에 두면서 고구려 고분벽화에 보이는 해와 달 표현상의 특징을 살펴보기로 하자.

---

35   全虎兑, 1991, 「漢-唐代古墳의 해와 달」『美術資料』 48, 19~73쪽.

표 4 한-당대 고분 해와 달의 유형별 시대 분포

시대＼유형	성좌형		신격형			
	陽鳥	순수 성좌	羽人	東王公·西王母	伏羲·女媧	기타
西漢						
新						
東漢						
三國 魏·晋						
南·北朝						
隋						
唐						
비고	河南		四川	陝西	투르판	

　　고구려 고분벽화에서도 해와 달은 중국 한-당대 고분에서와 같이 크게 두 유형 곧 성좌형과 신격형으로 표현된다. 그러나 고구려의 경우 두 유형을 보다 구체적으로 살펴보면, 고분벽화의 해와 달 표현에서는 순수 성좌형과 복희·여와형이라는 두 가지의 세부 유형만 찾아지며, 양조형을 비롯한 네 가지의 다른 세부 유형의 표현 사례는 찾아볼 수 없다.

　　그런데 두 세부 유형 및 그 상징요소의 조합방식은 계열과 시기에 따라 차이가 있다. 이러한 차이는 두 계열이 지닌 문화 전통이 서로 달랐으며, 이로 말미암아 시대의 흐름에 따라 파급되어오는 외래문화의 수용 태도와 그 결과가 계열에 따라 달랐던 데에 말미암은 것으로 보인다.[36]

36　전호태, 1990, 「고구려 고분벽화에 나타난 하늘 연꽃」『美術資料』 46, 48쪽.

표 5 한-당대 고분 해와 달의 상징요소별 시대 분포

상징요소 / 시대	해			달							
	원륜	까마귀	까마귀 九尾弧	원륜	두꺼비	옥토끼	계수나무	두꺼비 옥토끼	두꺼비 계수나무	옥토끼 계수나무	두꺼비 옥토끼 계수나무
西 漢											
新											
東 漢											
三 國 魏·晋											
南·北朝											
隋											
唐											
비고	시대 지역 통괄	시대 지역 통괄	음양 조화	시대 지역 통괄	시대 지역 통괄		河南洛陽 常義形	음양 조화	四川 羽人形		

문화 전통 및 인식의 흐름에 관한 문제는 뒤에서 논하기로 하고, 여기에서는 순수 성좌형 및 복희·여와형 해와 달 표현상의 계열별 특징을 상세히 검토해보기로 하자.

순수 성좌형 해와 달 표현은 집안 계열과 평양 계열 고분벽화 모두에서 찾아진다. 그러나 상징요소의 조합방식과 출현 시기는 두 계열이 차이를 보인다. 집안 계열 고분벽화에서 해의 상징요소는 세발까마귀에 국한되고 있으며 시기에 따라 표현기법에 차이가 있다. 집안 계열 5세기 고분벽화에서 세발까마귀는 댕기처럼 길게 뻗은 볏이 달린 머리에 나래를 접고 서 있는 모습으로 표현되는 것이 일반적이나, 6세기 고분벽화에서는 없어지거나 송곳처럼 짧게 솟은 볏을 지니고 두 나래는 반원 꼴로 펼친 모습으로 그려지는 경우가 많다.

달의 상징요소로는 두꺼비와 함께 옥토끼가 나타나나 달 속에 두꺼비와 옥토끼가 함께 표현되는 경우는 장천1호분 벽화가 유일하다. 나머지 고분벽화에서는 시기와 관계없이 등을 보이며 엎드린 두꺼비만 나타난다.

평양 계열에서도 해를 상징하는 유일한 요소는 까마귀이다. 그러나 반드시 세발까마귀로 표현되지는 않는다. 또한, 평양 계열에서는 해가 상징요소 없이 표현되기도 한다. 4세기 말의 벽화고분인 복사리 벽화분과 5세기 전반으로 편년되는 성총 벽화에서 해는 단순히 원륜으로만 표현된다. 해가 별다른 상징요소 없이 원륜 자체를 상징으로 삼은 경우이다.

한-당대 고분에서는 해를 원륜으로만 나타내는 경우가 시대와 유형에 관계없이 발견된다. 반면 고구려에서는 4~5세기 평양 계열 벽화고분에서만 찾아볼 수 있다. 물론 위의 두 벽화고분 이외의 고분벽화에 그려진 해의 상징요소는 모두 까마귀이다.

그러나 까마귀를 해의 상징요소로 삼은 경우에도 까마귀의 구체적 표현방식은 무덤에 따라 다르다. 집안 계열 고분벽화와 비교할 때 두드러진 차이점은 평양 계열 고분벽화의 경우 해 안의 까마귀가 반드시 세발까마귀로 표현되지는 않는다는 것이다. 까마귀 머리에 댕기같이 긴 볏이 표현되는 예는 없으며 쌍영총을 비롯한 6세기 전후의 일부 벽화고분에 그려진 까마귀 머리에서 보다 짧아지고 세련된 형태의 볏 표현이 발견되는 정도다. 비둘기나 제비 형태 등 중국 한-당대고분 특히 한대 고분의 해 그림에서 발견되는 까마귀와 유사한 표현이 발견되는

점 등을 들 수 있다.[37]

평양 계열 고분벽화에서 달을 상징하는 요소에는 두꺼비와 옥토끼 외에 계수나무가 더하여진다. 달의 표현방식은 원륜으로만 표현되는 예를 포함하여 다섯 가지로 나눌 수 있다. 물론 가장 일반적인 표현방식은 달 속에 엎드린 두꺼비를 그리는 것이다. 원륜으로만 표현된 복사리벽화분과 성총 벽화의 예를 제외한 5세기 편년 벽화고분은 모두 이 유형에 해당된다.

두꺼비와 옥토끼의 조합형은 5세기 말에서 6세기 중엽에 걸쳐 나타나는데, 두꺼비와 약 찧는 옥토끼 조합형의 출현 시기가 두꺼비와 서 있는 옥토끼 조합형에 비해 늦은 편이다. 한-당대 고분에도 약 찧는 옥토끼가 달 속에 등장하는 시기는 두꺼비와 달리거나 서 있는 옥토끼 조합형의 출현 시기인 전한 시기보다 늦은 후한 이후이다.[38] 중국에서 두꺼비와 옥토끼의 조합형은 5세기 전반 이후에는 나타나지 않는다.

달에 약 찧는 옥토끼와 계수나무가 짝지어 나타나는 시기는 6세기이다. 진파리4호분 달 그림의 남은 상태로 보아 본래는 달 속에 두꺼비도 그려졌을 가능성이 크다. 하지만 내리1호분의 달에는 약 찧는 옥토끼와 계수나무만 그려졌음이 거의 확실하다. 이렇듯이 달 속에 옥토끼

---

37 평양 계열의 고분벽화와 한대 고분의 장식에서 발견되는 까마귀의 구체적인 형태와 자세는 차이가 있다. 예를 들어 덕흥리벽화고분의 하늘을 나는 까마귀의 펼친 두 나래는 원형을 이루고 있다. 반면 河南洛陽卜千秋墓(洛陽博物館, 1977, 「洛陽西漢卜千秋壁畵墓發掘簡報」『文物』1977年 6期), 陝西千陽漢墓壁畵(寶鷄市博物館·千陽縣文化館, 1975, 「陝西省千陽縣漢墓發掘簡報」『考古』1975年 3期) 및 江蘇銅山崗子1號墓(江蘇省文物管理委員會. 南京博物院, 1964, 「江蘇徐州, 銅山五座漢墓清理簡報」『考古』1964年 10期) 화상석의 까마귀는 제비처럼 두 나래를 몸 가까이에 붙이고 빠른 속도로 하늘을 나는 듯이 표현된다.

38 전호태, 1991, 「漢-唐代古墳의 해와 달」『美術資料』48, 22쪽 표 2 및 45~47쪽 표 6, 표 7 참조.

와 계수나무가 짝을 지어 나타나는 것은 한·당대 고분의 달 표현에는 발견되지 않는, 고구려 고분벽화에만 보이는 현상이다. 그 유래와 의미에 대해서는 뒤에 살펴보기로 하자.

두꺼비, 옥토끼, 계수나무의 조합형은 6세기 중엽 이후로 편년되는 진파리1호분의 달 그림이 유일한 예이다. 그러나 앞에서 지적하였듯이 벽화의 구성과 표현방식이 거의 같은 진파리4호분 벽화의 달에도 세 가지 상징요소가 모두 그려졌을 가능성이 높다는 사실을 고려할 때, 이것은 이 시기에 이르러 나타나는 새로운 달 표현의 하나로 보아야 할 것이다.

달을 상징하는 세 가지 요소가 이처럼 함께 달 속에 표현된 예는 중국 남북조 후기 이후 조성되는 무덤 장식에서만 발견된다. 그렇다면 진파리1호분의 달 표현방식은 중국에서도 거의 같은 시기에 출현한 셈이다. 진파리1호분과 진파리4호분 벽화가 같은 시기 중국 남조에서 유행한 화풍의 영향을 받았음을 고려할 때, 이 새로운 유형의 달 표현도 중국의 영향 때문일 수 있다.

신격형에 해당하는 복희형 해신과 여와형 달신이 동반한 해와 달은 집안 계열의 6세기 벽화고분에서만 발견된다. 표 4에서 확인할 수 있듯이 중국에서 복희형 해신과 여와형 달신은 후한 초기의 화상석무덤에서 당대 투르판 아스타나고분군 출토 명정(銘旌)에 이르기까지 통(通)시대적으로 발견된다.

후한대에 이르기까지 창조와 재생의 신으로서 성격을 나타내는 규구(規矩)를 한 손에 쥐고 용의 몸인 하체를 서로 얽어 교미하는 모습이던 복희와 여와는 삼국시대 이후 두 손으로는 해와 달만을 받쳐 들고,

하체는 분리된 해신, 달신의 속성을 보다 강하게 드러내는 모습으로 표현된다. 이후 남북조시대에 이르면 원래의 복희와 여와의 최소한의 신체적 특징만을 지닌 새로운 존재로 묘사된다.

한편 투르판과 같은 중국의 변경 지역에서는 당대에 이르기까지 복희형 해신과 여와형 달신이 규구(規矩)를 쥐고 교미하는 모습으로 묘사되기도 한다.[39] 고구려 집안 계열 고분벽화에서 발견되는 복희형 해신과 여와형 달신은 이와 같은 변형 과정을 보여주는 중국 한-당대고분의 복희형 해신과 여와형 달신과 일정한 관련이 있는 듯하다.

그러나 복희형 해신과 여와형 달신의 표현기법은 중국의 같은 유형 해신, 달신의 그것과 여러 측면에서 차이를 보인다. 오회분5호묘와 오회분4호묘 벽화의 해신과 달신에 공통적인 뚜렷한 이목구비를 지닌 갸름한 얼굴, 부드러우면서도 좌우로 힘 있게 뻗은 천의, 오색으로 찬연한 용 꼬리와 역동적인 자세의 두 다리 등은 같은 시기 북위 고분이나 사원의 복희형 해신과 여와형 달신 표현에서는 쉽게 발견되지 않는 고구려적인 표현요소이다.

그러나 옷자락이나 자세의 표현에서 나타나는 역동성이 6세기 중국의 남북조를 중심으로 한 동아시아 일원의 회화 기법상의 공통요소였음이 부인되어서는 안 될 것이다.[40] 특히 해신과 달신이 걸친 천의는 고구려적인 창안으로 추정된다.

---

39 전호태, 1991, 「漢-唐代古墳의 해와 달」 『美術資料』 48, 32~38쪽, 43~52쪽.

40 화면의 모든 구성요소가 강한 바람 속에 있는 듯이 표현하는 6세기의 특징적인 기법은 중국 南朝에서 시작한 것으로 본다. 吉村怜의 天人化生圖像傳波過程에 대한 연구는 6세기의 위와 같은 흐름을 규명한 구체적인 접근이다(吉村怜, 1985, 「南朝天人圖像의 北朝及ひ 周邊諸國への傳波」 『佛敎藝術』 159號).

표 6 고구려 고분벽화 해와 달의 시기·계열별 유형과 상징요소(집안 계열: -, 평양 계열: =)

계열	시기	신격형 (복희·여와형) 해 까마귀	신격형 달 두꺼비	성좌형 해 원륜	성좌형 해 까마귀	성좌형 달 원륜	성좌형 달 두꺼비	성좌형 달 옥토끼	성좌형 달 계수나무	두꺼비 옥토끼	두꺼비 계수나무	옥토끼 계수나무	두꺼비 옥토끼 계수나무
집안계열 / 평양계열	4세기 후반												
	5세기 전반												
	5세기 후반												
	6세기 전반												
	6세기 후반												
	7세기 전반												
비고		집안 후기	집안 후기	평양 전기		평양 전기		사례 없음	사례 없음		사례 없음	평양 후기	평양 후기

집안 계열 복희형 해신과 여와형 달신이 받쳐 든 해와 달의 상징요소는 각기 세발까마귀와 두꺼비이며 까마귀는 날갯짓하며 서 있는 모습으로, 두꺼비는 등을 보이며 엎드린 모습으로 그려진다. 중국 한-당대 고분에 표현된 복희형 해신과 여와형 달신의 해와 달의 상징요소가 순수 성좌형의 경우 보다 다양한 것에 비하면 고구려 고분벽화는 매우 단순하다.

이것은 고구려의 경우, 6세기 중엽 이후라는 시간성과 집안 계열이라는 지역성의 제약을 받는 것과 관련 있는 듯하다. 복희형 해신과 여와형 달신이 고구려의 전통적 신앙 대상과는 거리가 있는 존재, 곧 외래 신의 형상을 본뜬 것일 가능성이 크다는 사실을 고려하면 상징요소와 표현방식의 단순성은 어쩌면 당연할 수도 있다.

위에서 살펴본 고구려 고분벽화 해와 달 표현의 시기에 따른 계열별 표현방식의 변화 양상을 알기 쉽게 정리하면 표 6과 같다.[41] 그러면 계열과 시기에 따라 해와 달의 표현방식에 나타나는 이러한 변화는 어떠한 인식을 근거로 하는 것이며, 죽은 자와 그 일족의 내세관과는 어떤 관계를 맺고 있을까.

---

41 표 6은 앞의 표 1, 2, 3을 바탕으로 작성하였다.

3 해와 달 인식과 내세관

1) 하늘신앙의 흐름

고구려의 건국 설화는 '천제의 아들'인 주몽의 신비로운 출생 과정 서술로 시작된다. 금석문과 문헌 자료에 의하면 주몽은 천제를 칭하는 해모수와 하백의 딸인 유화가 만남으로써 태어나는 '신인(神人)'이다. 주몽은 '해의 아들(日子, 日之子)' '해와 달의 아들(日月之子)' 혹은 '천제의 아들(天帝子, 天帝之子), 천제의 후손(天帝之孫)'으로 정의되거나, 스스로를 그렇게 칭한다.[42] 주몽이 자신을 '천제' 혹은 '일월'이라 일컫지 않고 '일월지자' 혹은 '천제지자'로 칭한 이유는 무엇일까. 또 고구려인이 건국 시조 주몽을 '천제'나 '일월'이 사람의 모습으로 세상에 온 것으로 주장하지 않은 이유는 무엇일까.

4세기까지의 고구려사가 기재된 『삼국지(三國志)』와 『후한서(後漢書)』에 따르면 당시에 고구려 사회의 신앙 대상으로 제사되던 존재로

---

42 주몽의 출자에 대한 표기는 문헌에 따라 일정하지 않다. 『魏書』『隋書』『北史』 및 唐代의 자료인 『泉男山墓誌』에는 日子(日之子), 『牟頭婁墓誌』에는 '日月之子', 『廣開土王碑文』에는 '天帝之子', '皇天之子', 『三國史記』『三國遺事』『帝王韻記』 등에서는 '天帝子(天帝之子)', '天帝之孫'으로 조금씩 다르게 표기된다. 이에 대해 시대의 흐름에 따라 주몽에 대한 인식이 日子 → 日月之子 → 天帝之子로 바뀌었다는 견해(武田幸男, 1981 「牟頭婁一族と高句麗王權」 『朝鮮學報』 99·100合輯, 166~174쪽)가 제시되어 눈길을 끌기도 했다. 그러나 해와 천제는 동일한 존재이며, '日月'의 '月'은 관용적으로 덧붙는 용어이므로 일, 일월, 천제는 같은 대상과 관념의 다른 표현에 불과하다는 견해도 제시되었다(金廷鶴, 1990 『韓國上古史硏究』 범우사, 21쪽). 필자는 각각의 용어가 담고 있는 의미는 조금씩 다를 것으로 본다.

는 귀신, 영성(靈星), 사직이 있었다고 한다.[43] 영성은 농사의 풍흉과 관련하여 제사되던 존재이다.[44]

5세기의 고구려사가 더해진 『주서(周書)』와 『북사(北史)』에는 이들 이외에 주요한 제사 대상으로 부여신(夫餘神)과 등고신(登高神)이 더하여진다.[45] 부여신은 지모신(地母神)으로서의 하백녀를, 등고신은 하백녀와 천제 사이에서 태어나 고구려를 세운 주몽을 가리킨다.

고구려 멸망까지를 다룬 『구당서(舊唐書)』와 『신당서(新唐書)』에는 영성 외에 일신(日神), 가한신(可汗神), 기자신(箕子神)이 새로 언급된다.[46] 일신, 가한신, 기자신이 앞의 사서에서 언급된 여러 신의 다른 명칭인지, 혹은 새로운 성격의 신인지는 명확치 않다. 신의 명칭만으로 볼 때, 가한신과 기자신은 고구려 역사 중의 영웅적인 인물이 신격화의 과정을 거쳐 신앙 대상화한 존재일 가능성이 크다. 문제는 일신이다. 이들 사서에 등장하는 일신이 과연 고구려 후기에 새롭게 신앙 대상화한 존재인가 하는 점이다.

---

43 於所居之左右立大屋 祭鬼神 又祀靈星. 社稷 『三國志』「魏書」東夷傳 ; 好祀鬼神 社稷 靈星 『後漢書』卷85,「東夷列傳」75, 高句麗.

44 영성이 고구려 고유의 하늘신앙의 일부였는지, 곡식을 관장하는 별자리 神으로서 중국에서 郡縣 단위까지 제사되던 天田星을 가리키는지는 명확하지 않다. 고구려의 독자적인 천문 관측이 높은 수준에 이르렀음을 고려할 때, 중국에서의 靈星信仰이 전래되기 이전부터 고구려에도 영성에 대한 나름의 신앙이 성립되어 있었을 가능성이 크다(중국의 영성신앙 관계 기록은 『史記』「封禪書」 및 『風俗通』「靈星條」, 『後漢書』「祭祀志」 참조).

45 敬信佛法 尤好淫祀 又有神廟二所 一曰夫餘神 刻木作婦人之像 一曰登高神 云是其始祖夫餘神之子 竝置官司 有人守護 蓋河伯女與朱蒙云 『周書』「異域列傳」高句麗 ; 信佛法 敬鬼神 多淫祀 有神廟二所 一曰夫餘神 刻木作婦人像 一曰高登神 云是其始祖夫餘神之子 竝置官司 有人守護 蓋河伯女朱蒙云 『北史』卷94,「列傳」82, 高麗.

46 其俗多淫祀 事靈星神 日神 可汗神 箕子神 『舊唐書』卷220,「東夷列傳」45, 高麗 ; 俗多淫祀 事靈星及日 箕子 可汗等神 『新唐書』卷220,「列傳」145, 東夷 高麗.

위에서 살펴본 문헌에는 고구려의 신앙 대상에 대한 기록에 더하여 국가적 규모의 연례행사인 시월제천에 대한 기록이 빠짐없이 더하여진다. 국가 성립기부터 멸망기까지 계속된 것으로 전하는 이 행사의 목적은 물론 고구려 사회의 제반 모순과 갈등의 해소 및 사회 구성 집단 사이의 결속력 강화이다. '동맹(東盟)'이라는 이름으로 행하여지는 이 제천행사에서 가장 중요시되는 의식은 나라의 동쪽에 있는 큰 동굴에서 '수신(隧神)'으로 불리는 신을 모셔와 지내는 제사이다.[47]

그러면 하늘에 대한 제사가 핵심인 '동맹'에서 실제적인 제사 대상인 듯이 보이는 '수신'은 어떠한 신인가. 일반에서 언급되듯이 천신과 함께 제사되는 대지의 신인 지모신, 곧 수신(水神)인 하백녀 유화인가.[48] 아니면 동명으로도 불리는 주몽, 즉 등고신인가.

그러나 수신을 하백녀로 칭하는 부여신으로 보기는 어렵다. 『주서』에 처음 나타나는 부여신은 자신의 신묘(神廟)에서 일상적으로 제사 받는 존재이다. 반면 수신은 1년에 한 번 열리는 제천행사 때에만 모셔지고 제사되는 신격이다. 그러면 천제의 아들로 일컫는 주몽인가. 그러나 등고신으로 신격화된 주몽 역시 자신을 위한 신묘에서 제사 받는 존재이므로 수신으로 보기는 어렵다. 그러면 수신은 천신인가. 아니면

---

47 수신에 대한 기록은 『三國志』『後漢書』『舊唐書』『新唐書』에만 보인다(以十月祭天 國中大會 名曰東明 其國東有大穴 名隧穴 十月國中大會 迎隧神還于國東上祭之 置木隧于神坐『三國志』卷30,「魏書」烏桓·鮮卑·東夷傳30, 高句麗 ; 以十月祭天大會 名曰東明 其國東有大穴 號樑神 亦以十月迎而祭之『後漢書』卷85,「東夷列傳」75, 高句麗 ; 國城東有大穴 名神隧 皆以十月 王自祭之『舊唐書』卷220,「東夷列傳」45, 高麗; 國左有大穴 曰神樑 每十月 王皆自祭『新唐書』卷 220,「列傳」145, 東夷 高麗.

48 '隧神=하백녀 柳花'라는 인식은 통설에 가까워지고 있다(徐永大, 1991,『韓國 古代 神觀念의 社會的 意味』, 서울대박사학위논문, 190쪽).

천신도 수신도 아닌 제3의 신인가.

이 수신의 정체와 관련하여 눈길을 끄는 것이 일본의 창세신화 중에 등장하는 태양신 아마테라스 오미카미[天照大神]이다. 『일본서기(日本書紀)』에 따르면 여신인 아마테라스 오미카미는 이사나기노 미코토[伊奬諾尊]와 이사나미노 미코토[伊奬尊]라는 부부신이 산천주국(山川洲國)을 낳은 뒤, 잇달아 낳은 세 명의 신 가운데 첫 번째 신이다.[49] 아마테라스는 남동생에 해당하는 세 번째 신 스사노오노 미코토[素殘嗚尊]의 행패가 심하여지자 화를 이기지 못하고 천석굴(天石窟)에 들어가 숨어버린다.

이로 말미암아 천지가 어둡고 밤낮의 구별이 없게 되자 여러 신들이 나서서 기도하고 노래하며 춤추어 그를 석굴에서 나오게 해 세상에 다시 빛이 있게 되었다고 한다.[50] 해의 운행으로 밤낮이 바뀌고 빛에 의해 생명체의 생육이 이루어지는 자연현상에 대한 고대인의 신화적인 이해방식이 잘 드러나는 신화라고 할 수 있다.

신화의 내용으로 보아 아마테라스는 일출, 일몰로 자신을 드러내는 단순한 해의 신에 그치지 않고 빛을 통하여 생명과 죽음의 세계를 관

---

49 본문에는 출생 시에 오오히두메노무치[大日靈貴]라는 男神으로 나오다가 스사노오노미코토와 다투는 과정부터는 아마테라스라는 女神으로 칭해진다(於時 共生一神 號大日靈貴 此子光華明彩 照徹於六合之內-(中略)-始素殘嗚尊 昇天之時 溟渤以之鼓湯 山岳爲之鳴拘 此則神性雄健使之 然也 天照大神 素知其神暴惡 至聞來詣之狀 乃勃然而驚曰-(下略)-『日本書紀』卷1,「神代上」(岩 波書店刊行本:東京)).

50 是後 素殘嗚尊之爲行也 甚無狀-(中略)-是時 天照大神驚動 以俊傷身 由此 發溫 乃入于天石 窟 閉磐戶 而幽居焉 故六合之內常闇 而不知晝夜之相代 于時 八十萬神 會於天安河邊 計其可禱 之方-(下略)『日本書紀』卷1,「神代上」(岩波書店刊行本)

장하는 일종의 우주신이다.[51] 고구려 시월제천의 중심신 격인 수신이란 바로 이러한 존재가 아닐까.

일 년에 한 번 동굴에서 모셔져 나와 제사되는 고구려의 수신이 굴속에 숨어 세상을 어둡게 하였던 일본의 아마테라스와 같은 계통의 신이라면 수신 역시 해로 표상되는 일종의 우주신이라고 할 수 있다. 주몽에 관한 기록 중에 흔히 발견되는 천제지자의 '천제(天帝 ← 天)'란 바로 이 수신의 변신인 셈이다.

그렇다면 부여의 동명설화, 고구려의 주몽설화는 부여인과 고구려인이 이미 지니고 있던 하늘신(→ 천제)신앙에서 파생한 일종의 역사신화라고 할 수 있겠다. 주몽에 대한 인식을 전하는 고대의 문헌 자료에 보이는 '일자' 혹은 '천제자'라는 표현은 역(逆)으로 주몽설화 성립 단계의 고구려에 이미 나름의 해신신앙 혹은 천제신앙이나 그 원형적 신앙이 존재하고 있었다는 방증이기도 하다.[52] 고구려의 건국 시조인 주몽은 본래는 건국을 주도한 일부 집단을 대표하는 영웅이었으나 국가 성립 이후 어느 시기엔가 고구려인 전체의 신앙 대상, 지모신적 성격도 지닌 하늘신의 아들로서 고구려를 이루는 모든 사회집단 및 구성원

---

51 일반적으로 아마테라스는 日神이면서 皇祖神이자 巫女로서의 성격을 지닌 존재로 해석된다(『日本書紀』卷1, 「神代上」補註1-36 참조). 다른 기록에 남신으로도 여신으로도 전하는 것으로 보아, 아마테라스는 본래 兩性具有의 原神으로 출발한 神格인 듯하다.

52 徐永大는 주몽신화 중의 '천제'란 하늘의 至高神(supreme being)이라고 이해하였다(徐永大, 1991, 『韓國 古代 神觀念의 社會的 意味』, 서울대박사학위논문, 159쪽). 필자는 天을 대상으로 한 원형적 神 관념은 고대사회가 성립하면서 형성되는 보편적인 종교적 사고였을 것으로 본다. 琴章泰는 至高神으로서의 天에 대한 원형적 神 관념이 단군신화의 성립기에는 존재했을 것으로 보았다(琴章泰, 1978, 「韓國古代의 信仰과 祭儀」『同大論叢』8, 6~7쪽).

의 신앙 대상화한 듯하다.[53]

고구려에서 주몽설화의 성립과 이에 근거한 주몽의 신격화는 제천 행사 때의 제사 대상이던 수신에 대한 신앙을 변화시킨 것으로 보인다. 앞에서 지적하였듯이 주몽이 등고신으로, 하백녀가 부여신으로 신격화되면서 수신은 고구려인의 실제적이고 구체적인 신앙 대상으로서의 위치를 주몽과 하백녀라는 인격신에게 넘기고 그 자신은 후대에 천제로 통칭되는 상징적인 신격으로 자리매김하는 듯하다. 『주서』에 나오는 등고신과 부여신의 신묘, 두 신에 대한 제사 기록은 주몽설화에 근거한 주몽신앙의 성립이 고구려인의 보편적 신앙 대상에 변화를 초래하였음을 짙게 암시한다.

등고신과 부여신에 관한 기록이 『주서』에 처음 등장하는 것으로 보아 고구려에서의 주몽신앙의 성립 시기는 명확하지 않으나, 심화 시기는 어느 정도 추정이 가능하다.[54] 『삼국지』의 편찬 이후, 『주서』에서 대상으로 삼는 새로운 시기 가운데 고구려에서 국가적 차원의 체제 변화가 시도된 시기가 그때가 아닐까.[55] 고구려에서 대규모의 정치적, 사회

---

53 주몽에게 日神的 속성이 있음은 잘 알려진 사실이다(李玉, 1984, 『高句麗民族形成과 社會』敎保文庫, 138~141쪽). 그러나 몇 가지 속성만으로 존재의 성격을 규정하기는 어렵다. 활을 잘 쏜다는 점을 중심으로 한 몇 가지 사실에 근거한 이미지 유추로 주몽이 원래 日神이었다고 단정 짓는 것은 무리이다.(張志勳, 1990, 「建國神話에 대한 一考察-高句麗·新羅를 中心으로」 『釜山史學』 19, 15~17쪽) 앞에서도 지적하였듯이 각종 문헌 자료에서 주몽이 일신이나 천제로 불리거나, 자신을 직접 그렇게 일컫지는 않는다는 점에 주목할 필요가 있다.

54 주몽설화가 미천왕을 조상으로 하는 새로운 고구려왕계의 정통성 확립 작업의 일환으로 고국원왕부터 광개토왕에 이르는 어느 시기에 지배 세력에 의해 창작된 것으로 추정하는 견해도 있다(李成市, 1987, 「高句麗の建國傳說と王權」 『史觀』 21, 17~30쪽). 그러나 이 견해가 설득력을 지니려면 주몽설화를 부여의 동명설화를 본뜬 4세기 중엽 이후의 창작물로 볼 수 있게 하는 적극적인 근거가 제시될 필요가 있다.

55 『三國志』에는 魏 관구검의 고구려 침입 직후인 245년경(동천왕 19년)까지의 기사가 수록되었으

적 체제 정비가 이루어진 것은 소수림왕대를 기점으로 한 4세기 후반에서 5세기 전반이다.

4세기 후반에 집중적으로 시도된 고구려의 체제 정비가 사회제도와 이데올로기라는 국가 운영에 필수적인 두 갈래 축을 중심으로 이루어졌음은 필자가 이미 지적하였다.[56] 여기서 고구려의 주몽신앙과 관련하여 눈길을 끄는 것은 이데올로기적 측면의 체제 정비이다.

4세기 후반에 이르기까지 고구려의 국가적 통합의 중심적 기능을 담당하던 것은 수신에 대한 제의를 중심으로 이루어지는 10월 제천이었다.[57] 10월 제천은 고구려의 국가 성립 이전부터 뒤에 고구려를 이루는 압록강 중류 지대의 크고 작은 집단들 사이의 혈연적, 문화적 동질성을 확인시켜주는 범(凡)고구려적 행사였다. 하늘에 대한 경외감에서 유래한 하늘신, 곧 수신은 고구려인 공통의 신앙 대상으로 아직 국가를 이루지 못하고 여러 형태와 크기의 집단으로 나누어진 상태에서도 고구려인을 하나로 묶는 구심적 존재였다.

그러나 고구려라는 국가의 성립 이후 시간이 흐르면서 제천행사의 기능과 역할은 한계를 보이기 시작하였다. 사회체계가 복잡해지고 계급분화가 심화하면서 초기에는 중요시되었던 국왕의 제사장 역할이 그 의미를 잃어버리자 자연 하늘신신앙의 기능도 약화하였다. 영역의

며, 『周書』에는 577년경(평원왕 19년)까지의 기사가 실려 있다(國史編纂委員會, 1987, 『中國正史朝鮮傳 譯註』一 참조).

56 전호태, 1989, 「5세기 高句麗 古墳壁畵에 나타난 佛敎的 來世觀」 『한국사론』 21, 51~58쪽.

57 고구려의 제천행사에서 지니는 수신의 비중과 역할은 그리 주목되지 않는 편이다. 10월 제천의 사회적 기능에 대한 정리로는 崔光植, 1990, 「韓國古代의 祭天儀禮」 『國史館論叢』 13輯이 있다.

확대, 통치체계의 분화 과정에 수반되는 정치적, 사회적 모순과 갈등은 국왕에게 제사장으로서보다 탁월한 정치 지도자로서의 능력을 요구하였다.

사회 변화에 수반한 이러한 사회적 요구에 대한 부응은, 다른 한편으로는 국왕을 중심으로 한 국가권력의 강화를 의미하는 것이기도 하였으므로 국가는 이에 대한 적극적 대응을 모색하였다. 이 때문에 이 때까지 지배 세력 일부 집단의 시조 전승으로서의 성격을 짙게 지니고 있던 주몽설화가 신화화되고, 이에 근거한 주몽신앙의 심화와 확산이 이 시기에 이루어진 것이다.[58] 이것은 4세기 후반의 고구려에 요구되던 시대적 과제에 대한 부응이라는 측면을 지니고 있었다.

주몽신앙은 유력 집단별로 전승되던 여러 갈래의 시조 설화를 건국 주도 집단의 영웅이던 주몽을 중심으로 재편성하는 과정에서 주몽을 '천제의 아들', '해의 아들'로 일컫고 신격화하면서 보다 폭넓은 신앙체계를 지니게 되었다.[59] 수신이 지니고 있던 지모신적 성격은 부여신 하백녀에게로 옮겨졌고, 하늘신적 성격의 실제적인 측면은 등고신 주몽에게 주어졌으며, 수신 자신은 하늘신으로서 상징성만 지니게 되었다. 국왕은 사회 일반에 주몽신앙을 확대, 심화시키면서 자신을 '천제의 아들'인 주몽의 직계자손으로 인식시킴으로써 자신의 지배 권위를 인정받고 권력을 강화하고자 하였다. 따라서 4세기 후반부터 집중적으로

---

58 故國壤王代에 구체화하는 祭儀의 체계화(命有司, 立國社, 修宗廟 『三國史記』 卷18, 「高句麗本紀」 6, 故國壤王 9年 3月)는 주몽과 하백녀에 대한 신앙의 심화를 주요 내용으로 하는 것이었을 가능성이 크다.

59 고구려 귀족 가문 시조 전승의 정리 과정과 그 의미에 대한 연구로는 徐永大, 1991, 『韓國 古代 神觀念의 社會的 意味』, 서울대박사학위논문, 192~217쪽 참조.

이루어지는 고구려에서의 주몽신앙의 심화와 확산은 국가에 의한 지배 이데올로기의 정비와 국왕 권력의 강화를 함께 의미하는 것이었다.[60]

4세기 후반 고구려에서의 이데올로기적 정비는 다른 한편으로는 불교의 수용과 전파를 통해 이루어졌다.[61] 불교는 4세기 초 이래 장기간의 혼란에 빠져 있던 북중국의 여러 이민족 왕조가 동일한 영역 안에 공존하는 문화적 수준이 상대적으로 낮고 소수인 이민족과 문화적 수준이 높을 뿐 아니라 수적으로도 다수를 차지하는 한족을 무리 없이 지배하는 데에 효율적인 이념이자 문화 매체로 기능하였다.[62]

확대된 영역 안에 여러 갈래의 이민족을 포괄하고 있을 뿐 아니라 4세기 초부터 생산력 발전에 힘입어 급속한 사회분화를 경험하고 있던 고구려로서는 예맥계 고구려인 중심의 주몽신앙만으로는 사회 전반을 포괄하는 이념체계를 제시할 수 없었다. 당시 북중국에서 크게 유행하며 사회통합과 문화발전에 주도적 역할을 하고 있던 불교가 위와 같은 고민에 빠져 있던 고구려의 지배 세력에게 주목될 것은 당연하다.

이 때문에 불교는 공인 이후 국가권력에 의한 적극적인 뒷받침 아래 새로운 사유체계이자 문화 전달자로 고구려 사회 전반에 급속히 확산하고 자리를 잡아갔다. 4세기 말부터 지속적으로 추진된 국가의 불교

---

60 盧泰敦은 주몽신앙의 확산이 5세기에 이르러 본격적으로 추구되는 고구려적 천하사상의 전개와 밀접한 관련이 있는 것으로 보았다(盧泰敦, 1988, 「5세기 金石文에 보이는 高句麗人의 天下觀」『韓國史論』 19). 고구려적 천하사상의 전개 자체가 강화된 국왕 권력을 전제로 한다는 점을 고려하면 이는 주목할 만한 견해이다.

61 寺院 조성을 통한 국가의 불교 확산책에 대해서는 申東河, 1988, 「高句麗의 寺院造成과 그 意味」『韓國史論』 19, 3~29쪽 참조.

62 塚本善隆, 1979, 「華北豪族國家의 佛敎興隆」『中國佛敎通史』 卷1, 春秋社, 243~281쪽.

장려 정책으로 말미암아 5세기 중엽부터 고구려의 지배계급 가운데에 불교적 내세관을 지닌 자도 나타나게 되었다. 5~6세기에 조성된 집안 국내성 및 평양 일대 벽화고분 가운데 무덤칸 벽화를 연꽃 위주로 장식한 무덤이 상당수 발견되는 것은 이 시기에 이르러 불교가 보수성이 짙은 내세관에까지 영향을 끼쳤음을 보여주는 구체적 증거이다.[63]

제천행사의 한계를 극복하기 위해 국가적 차원에서 이루어진 주몽 신앙의 확산과 불교의 전파는 역(逆)으로 고구려 사회에서 제천행사가 지니던 비중을 약화시켰으며, 이미 상징적 존재가 되어가던 수신의 지위에 변화를 가져왔다. 특히 불교의 전파는 여래(如來)에 대한 인식과 관련하여 수신인 하늘신, 곧 천제에 대한 인식의 변화를 가져왔다. 시대와 지역에 따른 정도의 차이에도 불구하고 불교의 확산은 여래가 천제를 대신하는 존재로 인식되게 하였다. 5~6세기의 벽화고분에서 무덤칸 천장에 그려진 연꽃이 천제를 상징하기보다는 여래를 나타내는 요소로 쓰이는 경향을 비교적 뚜렷이 보이는 것은 이 때문이다.

그러나 6~7세기 벽화고분의 무덤칸 천장에 그려진 연꽃이 반드시 여래를 상징하지는 않는 데에서도 알 수 있듯이 6세기에 이르러서도 모든 고구려인에게 여래가 천제를 대신하는 존재로 인식되지는 않는다. 이것은 국가의 강력한 뒷받침을 받으며 이루어진 불교의 확산에도 일정한 한계가 있었음을 의미한다. 국가에 의해 한편에서는 불교가 장려되고 다른 한편에서는 주몽신앙의 확산이 진행된 데에서 짐작할 수 있듯이 고구려에서의 불교의 전파는 이미 시작부터 국가권력과의 일

---

63 전호태, 1989, 「5세기 高句麗 古墳壁畫에 나타난 佛敎的 來世觀」 『한국사론』 21, 51~63쪽.

정한 타협과 제약 아래 있었다.

따라서 5세기 후반에 정점을 이루는 불교신앙의 유행 속에서도 불교전래 이전부터 있었던 고구려 재래신앙의 일부 갈래는 불교신앙의 하부체계로 흡수되거나 자체 소멸되지 않고 나름의 변형과 성장을 이룰 수 있었던 듯하다. 앞에서 살펴본 고분벽화의 해와 달 표현 밑에 깔린 인식, 『구당서』와 『신당서』에 언급된 해의 신은 4세기 후반 이래 고구려에서 진행된 이와 같은 종교신앙의 흐름, 여래의 가르침인 불법(佛法)을 믿되 귀신도 함께 섬기는 신앙 풍토 속에서 이해될 필요가 있다.

2) 해와 달 인식의 전개와 내세관

위의 흐름을 염두에 두면서 시대와 계열에 따른 고분벽화에서의 해와 달 표현의 변화 과정이 의미하는 바를 보다 구체적으로 살펴보기로 하자. 먼저 해와 달 그림이 남아 있는 4~5세기 편년 벽화고분 가운데 여러방무덤의 벽화구성방식 검토를 통해 벽화에서 지니는 해와 달의 비중과 그 의미를 추적해 보자. 4~5세기 해와 달을 표현한 여러방무덤 계열 벽화고분의 벽화구성방식과 무덤칸 안에서의 해와 달의 비중을 알기 쉽게 정리하면 표 7과 같다.

표 7에서 알 수 있듯이 5세기 전반 편년 집안 계열의 벽화고분 2기에서 해와 달은 널방고임을 장식하는 여러 요소의 하나이며 널방고임과 천장이 하늘 세계임을 알리는 존재이다. 하늘 세계의 중심은 연꽃이다.

5세기 중엽 이후의 경향을 알게 하는 장천1호분에서 해와 달은 벽과 고임 전체가 연꽃으로 장식된 널방 천장에 위치하였다. 표현 위치

표 7 4~5세기 해와 달 표현 고분벽화의 구성방식(Ⅰ): 여러방무덤

고분명 / 계열		편년	벽화 주제	앞방			널방			해와 달	
				벽	천장고임	천장석	벽	천장고임	천장석	유형	비중
집안 계열	각저총	5세기 초	생활 풍속	수목	?	?	수목, 생활 무덤 주인 부부	초롱무늬 해달 별자리	연꽃	순수 성좌 형	앞방 천장고임 벽화의 중심요소
	무용총	5세기 중	생활 풍속	수목, 생활	?	?	수목, 생활 수렵, 무덤 주인 부부	쌍사신 연꽃, 천인 상서동물 해달 별자리	연꽃		널방 천장고임 벽화의 일부
	장천 1호분	5세기 중	생활 풍속 장식	생활, 수렵, 화생, 연꽃	사신, 화 생연꽃, 예불보살, 비천	?	연꽃	연꽃	해달별 자리		널방 천장 벽화의 중심요소
평양 계열	안악 3호분	357 년경	생활 풍속	생활, 대행렬	하부:구름 연꽃	해달 별자리	가면무, 회랑: 대행렬	?	연꽃		앞방 천장 벽화의 중심요소
	덕흥리 벽화 고분	408 년경	생활 풍속	태수 배례, 대행렬	수렵, 산 악해달 별 자리, 상 서, 천인	연꽃	연못, 생활 칠보공양, 무덤 주인 초상	구름, 연꽃 불꽃	연꽃		앞방 천장고임 벽화의 중심요소
	약수리 벽화 고분	5세기 전반	생활 풍속 사신	상부:수렵, 대행렬 하부:생활	?		상부:사신, 해달 별자리 무덤 주인 부부 하부:목조건물 골격	?			널방 천장고임 벽화의 일부
	연화총	5세기 전반	생활 풍속	기마행렬 인물, ?	?	연꽃 (서편 천장)	?	상서동물 천인, 연꽃 해달	?		널방 천장고임 벽화의 일부
	대안리 1호분	5세기 중	생활 풍속 사신	수렵, 대행렬	당초, 불 꽃	별자리	상부:당초, 해달 별자리, 인물 행렬, 무덤 주인 부부 하부:사신	?			널방 천장고임 벽화의 일부
	천왕지 신총	5세기 중	생활 풍속	?	구름, ?	?	귀갑연꽃문, 생활 무덤 주인 부부	상서동물 천인, 연꽃 해달 별자리	금강석 형무늬		널방 천장고임 벽화의 일부
	쌍영총	5세기 후반	생활 풍속 사신	청룡, 백호, 인물행렬	당초, 연꽃구름	연꽃	주작, 현무, 공양 행렬	연꽃 해달 별자리	연꽃		널방 천장고임 벽화의 중심요소

로 보아 해와 달은 널방이 하늘 세계임을 알리는 상징요소 이상의 의미를 지닌 듯하다. 뒤에 다시 살펴보기로 하자.

평양 계열의 벽화고분에서도 해와 달은 하늘 세계인 앞방 및 널방의 천장부 장식요소 가운데 하나이며, 하늘 세계의 상징요소로 나타난다. 다만, 안악3호분의 경우 해와 달이 앞방 천장에 그려져 있어 해와 달을 하늘 세계의 상징만으로 보기에는 어려운 측면이 있다. 널방 천장에는 연꽃이 표현되어 있기 때문이다. 6~7세기 벽화고분에 대한 검토 후에 재론하기로 하자.

해와 달이 남아 있는 4-5세기의 외방무덤은 집안과 평양 두 지역 모두에서 발견되나, 전형적인 것은 평양 일대의 벽화고분에서만 찾아볼 수 있다. 4-5세기 외방무덤계 벽화고분의 벽화구성방식과 해와 달의 벽화 안에서의 비중을 알기 쉽게 정리하면 표 8과 같다.

표 8에서 잘 드러나듯이 4~5세기 외방무덤계열 벽화고분 가운데 집안 계열에 속하는 삼실총에서 해와 달은 제2실의 널길과 널방 천장, 제3실 널방 천장 등에서 그 존재가 확인된다. 제2실의 널길과 널방 천장에 거듭 나타나는 데에서 알 수 있듯이 삼실총에서 해와 달은 신격이 아닌 하늘 세계의 구성요소의 하나, 곧 하늘을 상징하는 별자리 가운데 하나로 그려진다.

평양 계열의 4~5세기 외방무덤에서도 해와 달은 널방고임 혹은 널방 벽을 장식하는 여러 요소 가운데 하나이다. 천장고임이나 벽 그림에서 차지하는 비중은 일정치 않으나 대부분 무덤에서 해와 달은 하늘 세계의 상징으로 그려진다. 수렵총과 같이 널방 벽에 그려진 경우에도 해와 달은 널방 벽화의 주제인 사신이 현실 세계가 아닌 하늘 세계의

표 8 4~5세기 해와 달 표현 벽화고분의 벽화구성방식(Ⅱ) : 외방무덤

고분명	계열	편년	벽화주제	널방			해와 달	
				벽	천장고임	천장석	유형	비중
집안계열	삼실총	5세기 중	생활 풍속	2실 널길		해, 달, 별자리	순수 성좌형 ?	널길 천장 벽화의 중심요소
			생활 풍속	2실 역사	사신, 천인, 상서연꽃, 화생	해, 달, 별자리		천장 벽화의 중심요소
			생활 풍속	3실 역사	사신, 천인, 상서연꽃, 화생	해, 달, 별자리		천장 벽화의 중심요소
평양계열	안악1호분	4세기 말	생활 풍속	행렬, 수렵, 생활	상서동물, 연꽃, 해, 달, 별자리	연꽃	순수 성좌형	천장고임 벽화의 일부
	복사리 벽화분	4세기 말	생활 풍속	행렬, 천인, 연꽃	직녀, 해, 달, 별자리	?		천장고임 벽화의 중심요소
	성총	5세기 전반	사신	사신, 연꽃화생	해, 달, 별자리	연꽃		천장고임 벽화의 중심요소
	수렵총	5세기 후반	사신 생활 풍속	사신, 수렵, 기마인물, 해달	별, 구름, ?	?		널방 벽화의 일부
	덕화리 1호분	5세기 말	사신 생활 풍속	사신, 생활	해, 달, 별자리, 구름 6각귀갑분구획	중앙에 연꽃 둘레에 구름		천장고임 벽화의 중심요소
	덕화리 2호분	5세기 말	사신 생활 풍속	사신, 생활	해, 달, 별자리, 구름 6각귀갑문구획	연꽃		천장고임 벽화의 중심요소
	우산리 1호분	5세기 말	사신	사신, 해달 ?	별, ?	별, ?		널방 벽화의 일부

존재임을 알려주는 상징으로서의 의미를 지닌다. 천장 벽화가 남아 있는 안악1호분, 성총, 덕화리1호분, 덕화리2호분 등에서 하늘 세계의 중심은 연꽃이다.

해와 달이 남아 있는 6~7세기의 벽화고분은 모두 외방무덤이다. 9기에 이르는 이들 무덤의 벽화구성방식과 해와 달의 벽화 안에서의 비중을 계열별로 나누어 정리하면 표 9와 같다.

표 9에서 우선 드러나는 것은 6~7세기 벽화고분 벽화의 주제는 계열 및 시기와 관계없이 사신이지만 해와 달의 표현 유형은 계열에 따라 일정치 않다는 사실이다. 순수 성좌형 해와 달이 계열과 관계없이

표 9 6~7세기 해와 달 표현 벽화고분의 벽화구성방식

고분명	계열	편년	벽화 주제	널방			해와 달	
				벽	천장고임	천장석	유형	비중
집안 계열	통구사 신총	6세기 전반	사신	사신, 구름, 산악	인동연꽃, 천인, 상서,해, 달, 별자리, 해신, 달신	중앙에 황룡 주변에 -인동연꽃	순수 성좌형 복희여와형 공존	천장고임 벽화의 일부
	오회분 5호묘	6세기 전반	사신	사신, 변형귀갑형 연속무늬 내 인동연꽃, 불꽃	인동연꽃, 천인, 상서, 나무, 해, 달, 별자리, 해신, 달신	청룡, 백호		천장고임 벽화의 일부
	오회분 4호묘	6세기 후반	사신	사신, 변형귀갑형 연속무늬 내 인동연꽃, 천인	인동연꽃, 천인, 상서, 나무, 해, 달, 별자리, 해신, 달신	중앙에 황룡 주변에 별자리		천장고임 벽화의 일부
평양 계열	개마총	6세기 전반	사신	사신	인물 행렬, 해, 달?	?	순수 성좌형	천장고임 벽화의 일부
	진파리 4호분	6세기 전반	사신	사신, 구름, 인동연꽃, 천인, 상서, 해, 달	인동연꽃, 당초	28별자리(금분)		널방 벽화의 일부
	진파리 1호분	6세기 전반	사신	사신, 구름, 인동연꽃	구름, 인동연꽃	해, 달, 인동연꽃		천장 벽화의 중심요소
	내리 1호분	6세기 중	사신	사신	해, 달, 연꽃, 원륜산악수목	?		천장고임 벽화의 중심요소
	강서 중묘	7세기 초	사신	사신, 산악수목	인동연꽃, 당초	중앙에 연꽃 좌우에 해, 달, 서조		천장 벽화의 일부

모든 벽화고분에 표현되는 것과 달리 집안 계열 벽화고분에서는 순수 성좌형과 함께 복희형 해신과 여와형 달신에 동반한 해와 달이 나타난다. 6~7세기 고분벽화의 순수 성좌형 해와 달이 하늘 세계를 상징하는 존재인 점은 4~5세기 고분벽화의 경우와 같다.

그러나 순수 성좌형과 함께 널방고임에 그려진 복희형 해신과 여와형 달신에 수반한 해와 달은 하늘 세계를 상징하는 별의 하나로보다는 신의 성격을 알려 주는 표지로서의 의미를 지니는 존재이다. 이러한 측면은 해신과 달신이 받쳐 든 해와 달의 상징요소가 개략적으로 그려진 것에서도 잘 드러난다. 세 무덤 모두 하늘 세계의 중심은 청룡과 백

호, 혹은 황룡이다.

6~7세기 평양 계열의 외방무덤계 벽화고분에서 해와 달은 순수 성좌형으로만 표현되며 대개 널방 장식요소의 하나이자 하늘 세계의 상징이다. 그러나 널방 천장에 그려진 진파리1호분 및 강서중묘의 해와 달은 표현 위치 및 벽화 안에서의 다른 요소와의 관계로 보아 하늘 세계의 상징 이상일 가능성이 크다. 진파리1호분 벽화에서 해와 달은 하늘 세계의 중심으로 해석될 위치에 있으며, 강서중묘벽화에서 해와 달은 하늘 세계의 중심인 연꽃을 보좌하는 존재처럼 그려졌기 때문이다.

앞에서도 지적하였듯이 벽화고분 무덤칸 천장에 그려지는 존재는 피장자와 그가 속한 집단의 우주관과 밀접한 관련이 있는 경우가 많다. 벽화고분에서 벽으로 둘러싸인 벽이 현실 공간이라면, 천장고임과 천장은 내세 공간 곧 하늘 세계이기 때문이다. 따라서 무덤칸 천장은 우주의 중심과 같다. 무덤칸 천장에 그려진 연꽃이 때로는 불교의 정토나 여래를, 때로는 천제를 상징하는 존재로 해석되는 것도 이 때문이다.[64]

그러나 무덤칸 천장에 그려지는 것이 반드시 여래, 혹은 천제와 같은 신격을 상징하는 것은 아니다. 사신도가 유행하는 6~7세기 벽화고분 무덤칸 천장에 그려지는 청룡과 백호, 혹은 황룡은 우주의 중심 혹은 신적 존재로서 성격을 지니면서도 어떤 면에서는 피장자의 신분을 나타내는 존재로서의 측면도 강하게 담고 있기 때문이다.[65] 그렇다면

---

64 전호태, 1990, 「고구려 고분벽화에 나타난 하늘 연꽃」『美術資料』46, 54~66쪽.

65 무덤칸 천장 벽화와 피장자의 신분이 밀접한 관계를 지니고 있다는 시각은 최택선의 일련의 연구를 통해 그 타당성을 뒷받침받고 있다(최택선, 1987, 「고구려사신도무덤의 등급에 대하여」『조선고고연구』1987년3호; 1987, 「고구려벽화무덤의 주인공문제에 대하여」『력사과학』1987년4호; 1988, 「고구려사신도무덤의 주인공문제에 대하여」『조선고고연구』1988년1호; 1988, 「고구려의 인물풍속도무

무덤칸 천장의 해, 달, 별자리는 어떤 의미를 지녔는가.

앞에서 살펴본 안악3호분의 경우 앞방 천장에는 해와 달, 별자리가, 널방 천장에는 연꽃이 그려졌다. 앞방과 널방의 벽화구성방식으로 보아 연꽃이 정토나 여래를 상징하는 존재이기는 어렵다. 상징성을 굳이 찾으려 한다면 5세기 중국 북량(北)의 정가갑5호묘 벽화의 사례를 고려할 때, 널방 천장의 연꽃은 천제의 상징으로 보는 게 더 타당하다.

그러면 앞방 천장의 해와 달은 무엇을 상징하는 존재일까. 앞방 고임 벽화가 거의 남아 있지 않은 상태에서는 무리한 추론이 될 수밖에 없으나, 천장이라는 위치가 지니는 독특한 의미를 고려한다면 천장의 해와 달은 특정한 존재를 상징하기보다는 그 자체 우주의 중심으로서 피장자가 우주의 중심인 해와 달에 견줄 수 있는 존재임을 나타내는 것이 아닐까.

장천1호분에서 해와 달은 중요한 별자리 몇 개와 함께 연꽃으로만 장식된 널방의 천장에 그려졌다. 널방의 입구에 해당하는 앞방 안벽 고임에 예불도가 그려진 것으로 보아 연꽃으로 가득한 널방은 피장자가 왕생하기를 소망하는 불교의 정토이다. 따라서 널방 천장의 해와 달은 기본적으로 널방이 내세가 존재하는 하늘 세계임을 상징한다.

그러나 천장고임이 아닌 천장이라는 위치는 해와 달을 우주의 중심으로 여겨지게 하며 피장자의 신분이 일반 귀족이 아님을 상정하게 한다.

무덤칸 천장의 해와 달이 피장자의 신분을 나타내는 존재로 그려졌을 가능성은 진파리1호분 벽화에서 더 뚜렷해진다. 진파리1호분에서

덤과 인물풍속 및 사신도무덤 주인공들의 벼슬등급에 대하여」, 『력사과학』 1988년 1호).

도 해와 달은 회전하는 인동연꽃으로 가득한 널방고임 위의 천장 한가운데에 그려졌는데, 다른 고분벽화의 예에서와 달리 주변에 일체의 다른 별자리를 동반하지 않고 화려한 인동연꽃만을 장식적 요소로 거느리고 있을 뿐이다. 진파리1호분 벽화에서 해와 달은 하늘 세계의 완전한 중심인 셈이다.

검토가 요구되는 또 하나의 무덤은 강서중묘이다. 이 무덤에서 해와 달은 널방 천장 중심의 연꽃 좌우에 그려졌다. 이전보다 벽화 표현에서 지니는 불교적 요소의 비중이 극히 낮아진 강서중묘에서 널방 천장의 연꽃은 여래보다는 천제를 상징하는 것으로 보인다.[66] 이러한 해석이 받아들여진다면 천장의 해와 달은 하늘 세계의 구성요소이며 상징인 동시에 천제를 보좌하는 존재로도 이해될 수 있다.

그러나 강서중묘의 경우 해와 달의 상징요소는 이전보다 개략적이고 형식적으로 그려진다. 이것은 이 무덤벽화에서 해와 달이 그리 비중 있는 존재가 아님을 시사한다. 그렇다면 강서중묘 널방 천장의 해와 달은 하늘 세계의 상징 이상의 의미를 지니지 않은 존재일 가능성이 높다.

이상에서 보았듯이 고구려에서 해와 달은 4~5세기의 모든 고분벽화에 순수 성좌형으로만 표현되며 대개 하늘 세계의 상징요소로 그려진다. 이것은 고분벽화에 해와 달이 그려지기 시작하는 4세기 단계부터 고구려에서는 해와 달이 신이기보다는 하늘의 별자리 가운데 하나로 인식되는 경향이 강했음을 의미한다.

---

66 전호태, 1990, 「고구려 고분벽화에 나타난 하늘 연꽃」 『美術資料』 46, 66쪽.

이러한 인식의 흐름은 낙랑 유물 중의 '선토도약전(仙兎搗藥塼)'에서도 드러나듯이 서왕모와 관련된 해와 달에 대한 인식이 늦어도 2세기에는 평양 지역에 전해졌을 것임에도 불구하고 고구려 고분벽화에는 동왕공형 해신, 서왕모형 달신을 동반한 해와 달이 보이지 않는 데에서도 잘 드러난다.[67] 낙랑을 통한 시차 없는 문화 중계에도 불구하고 중국 한 왕조의 다양한 해와 달 표현 및 그 밑에 깔린 인식이 있는 그대로 고구려에 받아들여지지는 않는 것이다.

해와 달을 하늘에 있는 별자리의 하나로만 보려는 경향은 6~7세기에 이르러서도 여전하였던 듯하다. 복희형 해신, 여와형 달신이 함께 그려진 집안 계열 벽화고분 3기를 포함한 6~7세기 편년의 모든 벽화고분에서 순수 성좌형으로 표현된 해와 달을 찾아볼 수 있기 때문이다. 특히 천인을 태운 오색 용의 꼬리와 뒷다리에 의해 일부가 가려진 상태로 그려진 오회분5호묘 널방 천장고임의 순수 성좌형 해는 이 시기의 해에 대한 인식의 주된 흐름이 어떠하였는지를 단적으로 드러내 준다고 하겠다.

해와 달에 대한 이와 같은 과학적이고 합리적인 인식의 흐름에서도 세부적 인식에서는 지역적인 편차가 발견된다. 집안 및 평양 계열 고분벽화에 보이는 해와 달의 상징요소와 그 구체적인 표현을 살펴보면 이러한 점이 잘 드러난다. 앞에서 살펴보았듯이 집안 계열 고분벽화에서 해와 달은 시기와 관계없이 까마귀와 두꺼비를 기본 상징요소로 삼고 있으며 해 안의 까마귀는 공작형 볏의 세발까마귀로, 달 속의 두꺼비는 등을 보이며 엎드린 모습으로 그려지는 게 일반적이다.

67　전호태, 1997, 「고구려 감신총 벽화의 서왕모」 『한국고대사연구』 11, 365~404쪽 참조.

이와 달리 평양 계열의 순수 성좌형 해와 달은 상징요소의 구성과 표현방식이 시대에 따라 변화를 보인다. 평양 계열 순수 성좌형 해의 상징요소인 까마귀는 반드시 세발까마귀로만 그려지지 않을 뿐만 아니라, 형태도 비둘기형, 원앙형 등으로 다양하다. 달의 상징요소는 두꺼비, 옥토끼, 계수나무 등 여러 가지이며 세 요소의 조합방식도 다양하고 같은 조합방식 안에서도 상징요소의 자세에 변화가 있다.

이는 까마귀와 두꺼비라는 상징요소가 중국을 출발점으로 하였다고 하더라도 고구려의 집안 및 평양 지역에서의 이해와 수용방식이 각각 달랐음을 의미한다. 집안 국내성 지역의 해와 달에 대한 인식과 표현은 나름의 기준을 바탕으로 한 줄기로 정리되어 있었다. 이와 달리, 평양 지역에서는 여러 갈래로 나뉘어 있었으며 중국에서 성립한 다양한 인식과 표현의 제한된 수용에도 불구하고 이의 소화와 재구성의 정도도 시대에 따라 일정치 않았다.

해와 달이 원륜으로만 표현된다든가, 중국에서는 5세기 전반을 하한으로 하여 나타나는 달의 상징요소로서 두꺼비와 옥토끼의 조합이 평양 계열 고분벽화에서는 5세기 말을 전후하여 옥토끼의 약절구 동반 여부에 따라 두 가지로 구분되어 나타난다. 평양 계열의 5~6세기 편년 일부 고분벽화에 약 찧는 옥토끼가 거의 사람에 가까운 모습으로 표현된다든가, 중국의 한-당대 고분에서는 찾아보기 어려운 옥토끼와 계수나무의 조합이 고구려의 평양 계열에서는 보이는 점 등은 중국에서의 영향과 고구려 나름의 재해석이 평양 지역에서는 4세기 이래 6세기에 이르기까지 계속되었음을 알게 하는 사례이다.

달 속의 옥토끼와 두꺼비의 조합은 중국 한대의 음양설을 근거로 성립한 도상으로 평양 지역에는 낙랑을 통하여 이미 알려졌던 표현방식이다.[68] 옥토끼와 계수나무의 조합은 한대 고분에서는 찾아지지 않는 것으로 보아 중국 한대에 유행한 서왕모설화와 직접 연계된 존재로 보기는 어렵다. 오히려 남북조시대에 정리되는 도교 계통 신선설화 및 민간설화와 관련이 있지 않을까. 위에서 지적하였듯이 한대의 해와 달에 대한 다양한 인식과 표현이 낙랑의 존재에도 불구하고 고구려에 의해 그대로 수용되지는 않으며, 중국에서의 해와 달에 대한 인식과 표현은 고구려 고분벽화에 해와 달이 그려지기 시작하는 4~5세기를 하한으로 하여 두 가지 유형, 곧 순수 성좌형과 복희 여와형 표현 및 그와 연관된 인식으로 가닥이 잡히기 때문이다.

평양 계열과 달리 집안 계열 벽화고분에서 장천1호분의 경우 외에는 달의 상징요소로 옥토끼 혹은 계수나무가 표현되지 않는 것은 집안 지역이 달과 연관된 다양한 설화에 익숙하지 않았거나 알고 있어도 이것을 달의 표현에까지 반영시키지는 못하였음을 의미한다. 이것은 집안 문화가 지니는 상대적 보수성과도 관계가 있을 것이다.

두 계열 고분벽화의 해와 달 표현과 그 인식에서 나타나는 이러한 편차는 집안과 평양 지역에 성립되어 있던 문화 전통의 차이에서 비롯된 것으로 여겨진다. 고구려의 국가 성립 이전부터 범(汎)고구려의 중심 가운데 하나였고, 국가 성립 이후 5세기 초반까지 고구려의 정치,

---

68 전호태, 1991, 「漢-唐代古墳의 해와 달」 『美術資料』 48, 65~66쪽. 옥토끼를 陽, 두꺼비를 陰을 상징하는 존재로 보는 시각은 『文選』에 인용된 아래 자료에서도 잘 나타난다(月之爲言闕也 兩言以 蟾餘與兎者 陰陽雙居 明陽之制陰 陰之倚陽云云 『文選』 卷13, 謝莊 「月賦」 註 所引 『春秋元命苞』).

경제, 사회의 중심이었던 집안 국내성 지역 고유의 문화가 나름의 뿌리를 깊이 내리고 있었고 이에 대한 지역민의 자부심이 일정 수준 이상이었을 것은 충분히 짐작할 수 있다.

이와 달리 고구려 세력이 뻗치기 이전부터 낙랑을 통해 중국 문화와의 접촉이 지속적으로 이루어지면서 그 영향을 짙게 받던 평양 지역이 새로운 형태의 중국 문화가 전해질 때마다 이의 수용과 소화에 개방적이고 적극적이었을 것도 당연하다. 평양 지역에서의 해와 달에 대한 인식이 공통의 합리적 인식을 바탕으로 하면서도 집안 국내성 지역보다 다양한 것은 이 때문이라고 할 수 있다.

그러나 이러한 지역적인 편차 속에서도 고구려인의 해와 달에 대한 인식의 중심 줄기가 해와 달을 하늘의 별자리 가운데 하나로 보는 합리적, 과학적인 방향으로 나아가고 있었음은 재론할 필요가 없다.[69] 문제는 집안 계열의 6세기 벽화고분에 나타나는 복희형 해신과 여와형 달신, 이들 신에 수반한 해와 달이다. 중국 고대신화에서와는 달리 주몽설화를 중심으로 전개되는 고구려의 재래신화에서 복희형 해신과 여와형 달신 같은 유형의 신은 찾아보기 어렵기 때문이다. 천제를 칭한 해모수나 해의 아들을 일컫는 주몽, 하백의 딸 유화는 하나같이 인간의 모습을 한 신으로 표현되고 있다.

그렇다면 이들 무덤벽화에 보이는 복희형 해신과 여와형 달신은 어

---

69 그러나 이것이 해와 달이 지니는 상징성, 특히 그 바탕이 되는 신화적 인식의 소멸을 의미하는 것은 아니다. 고구려인을 포함한 前근대인에게 해와 달에 대한 과학적 관찰을 바탕으로 한 과학적 인식과 신화적 상상력에서 출발한 신비주의적 관념이 공존이 어려운 상호배타적인 것으로 여겨지지는 않았을 것이기 때문이다(전호태, 1991,「漢-唐代古墳의 해와 달」『美術資料』48, 54~55쪽).

디에서 유래한 신일까. 먼저 형태적인 측면으로 볼 때, 이 두 신은 분명히 외래 신이다. 두 신이 그려진 3기의 집안 계열 벽화고분 가운데 오회분5호묘 널방 천장고임 벽화 중에 찾아볼 수 있는 소 머리 사람 몸의 신농 역시 외래 신이다.

오회분4호묘 널방 벽화 가운데 사신의 배경을 이루는 연속변형귀갑문 안의 인물들은 6세기 중국 북조(北朝)의 석굴사원에 표현된 공양자들과 같은 복장을 하고 있다.[70] 이로 보아 천장고임의 복희형 해신과 여와형 달신의 형상은 3기의 고분벽화에 반영된 여타의 비(非)고구려적 요소와 함께 외부에서 유입된 존재일 가능성이 크다. 문제는 이들 해신과 달신이 6세기 집안 계열의 고분벽화에 등장한 이유이다.

여기서 주의할 것이 고구려에 불교가 수용되면서 초래되었을 새로운 여래신앙과 전래의 천제신앙 사이의 긴장과 갈등 관계이다. 국가적 뒷받침 아래 이루어진 불교의 확산 속에서 여래가 천제를 대신하는 존재로 인식되는 경향도 나타났지만, '천제의 아들'로 국왕의 직계 조상인 국조신(國祖神) 주몽을 여래의 혈족으로 인식하거나 주장한 흔적이 고구려 관계 자료에서는 보이지 않는다.

그렇다면 불교 전파와 함께 추진된 주몽신앙의 확산은 다른 한편 주몽의 출자와 주몽신의 신격을 명확히 할 필요를 증대시켰을 것이다. 『구당서』의 일신(日神)은 이와 같은 인식의 흐름 속에서 주몽의 신격화 과정에서 이미 상징화한 천제를 대신하는 신앙 대상으로 등장한 신격으로 보아야 할 것이다.

---

70 전호태, 1992, 「고구려 고분벽화의 해와 달」 『미술자료』 50, 61쪽.

앞에서 지적하였듯이 국가권력의 적극적인 뒷받침에 힘입어 5세기 후반에는 보수성이 짙은 내세관에까지 변화를 초래한 불교도 고구려 사회 전체를 불교화하는 데에까지 이르지는 못한다. 주몽신앙을 비롯한 고구려 재래의 신앙체계들 가운데 일부는 불교의 유행 속에서도 고구려 사회 안에서 일정한 공간을 확보하고 있었다. 기록에 나오듯이 7세기 당에서 공식적으로 전해지면서 활발해지는 도교신앙, 한대에 낙랑을 통해, 늦어도 북위와의 인적·물적 교류를 통해 전해졌을 오두미교나 초기 도교 계통의 종파에 대한 신앙이 이러한 인식 공간 속에 나름의 명맥을 유지하였기에 가능했을 것이다.[71]

6세기의 해신신앙 역시 이러한 맥락에서 이해되어야 할 것이다. 불교의 전래 이전부터 하늘신신앙 자체, 혹은 그 일부로서 원형적 형태로 존재하던 해신신앙이 불교의 유행 속에 불교의 하위체계로, 혹은 이전부터의 형태로 명맥을 유지하다가 불교의 기세가 수그러들고 주몽신앙이 보다 심화되는 6세기에 들어서면서 천제신앙을 대신하고 주몽신앙을 뒷받침하는 존재로 그 모습을 뚜렷이 드러내게 된 것이다.[72]

---

71 五斗米敎 等 初期 도교 종파의 唐 以前 고구려 전파 가능성은 이미 여러 번 거론되었다.(車柱環, 1980,『韓國道敎思想硏究』, 서울대학교출판부, 39~42쪽, 70~73쪽) ; 麗季武德·貞觀間國人爭奉五斗米敎. 唐高祖聞之, 遣道士送天尊像來講道德經, 王與國人聽之. 即第二十七代榮留王即位七年, 武德七年甲申也. 明年遣使徃唐求學佛老, 唐帝 謂高祖也.許之. 及寶藏王即位 貞觀十六年壬寅也.亦欲併興三敎. 時寵相蓋蘇文說王以儒釋並熾, 而黃冠未盛特使於唐求道敎.『三國遺事』卷3,「興法」3.

72 高僧 惠亮의 신라로의 망명(至是, 惠亮法師領其徒, 出路上. 居柒夫下馬, 以軍禮揖拜, 進曰, "昔遊學之日, 蒙法師之恩, 得保性命. 今邂逅相遇, 不知何以爲報." 對曰, "今我國政亂, 滅亡無日. 願致之貴域." 於是, 居柒夫同載以歸, 見之於王, 王以爲僧統. 始置百座講會及八關之法.『三國史記』卷44,「列傳」4, 居柒夫)은 6세기 중엽부터 고구려 사회에서 불교가 쇠퇴함을 시사하는 사건으로 해석된다. 앞에서 언급한 五斗米敎와 유사한 성격의 北魏時代 도교의 한 종파가 이 시기에 이르러 고구려에 수용되어 크게 유행하기 시작한 것이 아닐까.

여기에는 당시 중국 북조에서 유행하던 초기 도교의 영향도 어느 정도 있었을 것이다. 집안 계열 고분벽화의 복희여와형 일월신도 이와 같은 흐름을 타고 나타난 것이 아닐까.

그러나 고분벽화에 나타나는 일월신이 6세기 고구려인의 신앙 대상으로서의 해신과 직접 연관되는 존재인지는 여전히 의문이다. 비록 표현기법으로 볼 때, 고구려적인 소화의 흔적이 뚜렷하다 하더라도 그 형태와 속성상 고구려 재래의 신앙 대상과는 일정한 거리가 있는 존재이기 때문이다. 따라서 고분벽화의 복희형 해신과 여와형 달신이 6세기 고구려의 집안 국내성 지역에 해와 달을 신적 속성을 지닌 신격으로 인식하려는 경향이 해와 달을 하늘의 별자리로 보는 시각과 공존하였음을 알려주는 존재이기는 해도 고구려인이 믿던 해신과 같은 존재로 단정하기는 어렵다.

『廣開土王碑文』『三國史記』『三國遺事』『東國李相國集』『高麗史』『海東繹史』『周禮』『史記』『風俗通』『山海經』『十洲記』『水經注』『淮男子』『後漢書』『三國志』『神仙傳』『抱朴子』『文選』『魏書』『周書』『北史』『隋書』『泉男山墓誌』『舊唐書』『新唐書』『全唐詩』『日本書紀』

국립경주박물관, 2014, 『天馬, 다시 날다』.

國史編纂委員會, 1987, 『中國正史朝鮮傳 譯註』一.

과학원고고학및민속학연구소, 1959, 「평안남도룡강군대안리제1호묘발굴보고」
　　　　　『대동강및재령강류역고분발굴보고』(『고고학자료집』2), 과학원출판사.

琴章泰, 1978, 「韓國古代의 信仰과 祭儀」『同大論叢』8.

金廷鶴, 1990, 『韓國上古史研究』, 범우사.

김종일 외, 2011, 『한국금속문명사: 주먹도끼에서 금관까지』, 들녘.

김일권, 2008, 『고구려 별자리와 신화』, 사계절.

김일권, 2008, 『우리 역사의 하늘과 별자리』, 고즈원

김지선, 2008, 「청동거울에서 유리거울로-중국 서사 속 거울의 상상력」『중국어문학』27.

盧泰敦, 1988, 「5세기 金石文에 보이는 高句麗人의 天下觀」『韓國史論』19.

리준걸, 1985, 「고구려 벽화무덤의 해와 달 그림에 대하여」『력사과학』1985년 2호.

박영희, 2013,「프랑스 몽 베고 지역의 바위그림 중 꼬르뉘 형상의 변화에 대한 연구」『한국암각화연구』17.

박원길, 2001,『유라시아 초원제국의 샤마니즘』, 민속원.

徐永大, 1991,『韓國 古代 神觀念의 社會的 意味』, 서울대박사학위논문.

박진욱·김종혁·주영헌·장상렬·정찬영, 1981,『덕흥리고구려벽화무덤』, 과학백과사전출판사.

申東河, 1988,「高句麗의 寺院造成과 그 意味」『韓國史論』19.

안병찬, 1978,「새로 발굴한 보산리와 우산리 고구려벽화무덤」『력사과학』1978년 2호.

李玉, 1984,『高句麗民族形成과 社會』敎保文庫.

이한상, 2011,「허리띠 분배에 반영된 고대 동북아시아의 교류양상」『동북아역사논총』33.

장인성, 2017,『한국 고대 도교』, 서경문화사.

張志勳, 1990,「建國神話에 대한 一考察-高句麗·新羅를 中心으로」『釜山史學』19.

전주농, 1963,「전동명왕릉부근벽화무덤」『각지유적정리보고』(과학원고고학및민속학연구소,『고고학자료집』3, 과학원출판사.

전주농, 1963,「황해남도 안악군 복사리벽화무덤」『각지유적정리보고』(과학원고고학및민속학연구소,『고고학자료집』3, 과학원출판사).

전호태, 1990,「고구려 고분벽화에 나타난 하늘 연꽃」『美術資料』46.

全虎兌, 1991,「漢-唐代古墳의 해와 달」『美術資料』48.

전호태, 1992,「고구려 고분벽화의 해와 달」『미술자료』50.

전호태, 1997,「고구려 감신총 벽화의 서왕모」『한국고대사연구』11.

전호태, 2000,「고구려 고분벽화의 직녀도」『역사와현실』38.

전호태, 2000,『고구려 고분벽화 연구』, 사계절.

전호태, 2004,『벽화여, 고구려를 말하라』, 사계절.

전호태, 2005,「웅녀의 동굴, 유화의 방-신화 속 두 세계의 접점」『인문논총』24,

울산대학교.

전호태, 2007, 『중국 화상석과 고분벽화 연구』, 솔.

전호태, 2008, 『고구려 고분벽화 읽기』, 서울대출판부.

전호태, 2009, 『화상석 속의 신화와 역사』, 소와당

전호태, 2015, 『고구려에서 만난 우리 역사』, 한림출판사.

전호태, 2016, 『고구려의 벽화고분』, 돌베개.

전호태, 2016, 『고구려 생활문화사 연구』, 서울대출판문화원.

전호태, 2018, 『한류의 시작 고구려』, 세창미디어.

전호태, 2019, 『무용총 수렵도』, 풀빛.

전호태, 2020, 『고대에서 도착한 생각들』, 창비.

전호태, 2020, 『중국인의 오브제』, 성균관대출판부.

전호태, 2020, 『고구려 벽화고분의 과거와 현재』, 성균관대출판부.

전호태, 2020, 「영주 신라 벽화고분 연구」『선사와 고대』64.

전호태, 2021, 『고대 한국의 풍경』, 성균관대출판부.

전호태, 2021, 『울산 천전리 각석 암각화 톺아읽기』, 민속원.

정재서, 1982, 「거울의 무속상 기능 및 그 문학적 수용」『중국어문학』5.

정재서, 1995, 『산해경』, 민음사.

정재서, 1995, 『不死의 신화와 사상』, 민음사.

정재서, 2010, 『이야기 동양신화-중국편』, 김영사.

조선유적유물도감편찬위원회, 1990, 『조선유적유물도감』5(고구려편 3) 외국문
　　　종합출판사.

조선유적유물도감편찬위원회편, 1990, 『조선유적유물도감』6(고구려편 4) 외국
　　　문종합출판사.

주영헌, 1963, 「약수리벽화무덤발굴보고」『각지유적정리보고』(과학원고고학및
　　　민속학연구소, 『고고학자료집』3, 과학원출판사).

車柱環, 1980, 『韓國道敎思想硏究』, 서울대학교출판부.

천진기, 2003, 『한국동물민속론』, 민속원.

채병서, 1958,『안악 제1호분 및 제2호분 발굴보고』(과학원고고학및민속학연구
　　　소,『유적발굴보고』Ⅳ) 과학원출판사.

崔光植, 1990,「韓國古代의 祭天儀禮」『國史館論叢』13輯.

최택선, 1988,「고구려 벽화무덤의 피장자에 관한 연구」『고고민속론문집』11.

최택선, 1987,「고구려사신도무덤의 등급에 대하여」『조선고고연구』1987년 3호.

최택선, 1987,「고구려벽화무덤의 주인공문제에 대하여」『력사과학』1987년 4
　　　호; 최택선, 1988,「고구려사신도무덤의 주인공문제에 대하여」『조선고
　　　고연구』1988년 1호.

최택선, 1988,「고구려의 인물풍속도무덤과 인물풍속 및 사신도무덤 주인공들
　　　의 벼슬등급에 대하여」『력사과학』1988년 1호.

최혜영, 2008,「버드나무 신화소를 통해 본 유라시아 지역의 문명 교류의 가능
　　　성 혹은 그 接點」『동북아역사논총』22.

홍기문, 1989,『조선신화연구-조선사료고증』, 지양사.

황욱, 1958,「안악제3호분발굴보고」(과학원고고학및민속학연구소,『유적발굴
　　　보고』3, 과학원출판사).

吉林省文物工作隊.集安縣文物保管所(陳相偉·方起東), 1982,「集安長川一號壁
　　　畵墓」『東北考古與歷史』1輯.

吉林省博物館(李殿福·方起東), 1964,「吉林輯安五塊墳四號和五號墓淸理略記」
　　　『考古』1964年 2期.

洛陽博物館, 1977,「洛陽西漢卜千秋壁畵墓發掘簡報」『文物』1977年 6期.

南京博物院, 1964,「江蘇徐州, 銅山五座漢墓淸理簡報」『考古』1964年 10期.

寶鷄市博物館·千陽縣文化館, 1975,「陝西省千陽縣漢墓發掘簡報」『考古』1975年
　　　3期.

王承禮·韓淑華, 1964,「吉林集安通溝第十二號高句麗壁畵墓」『考古』1964年 2期.

李殿福, 1981,「集安洞溝三室墓壁畵補正」『考古與文物』1981年 3期.

中國美術全集編輯委員會編, 1990,『中國美術全集』.

濟南市博物館, 1985,「濟南市馬家莊北濟墓」『文物』85年 10期.

吉村怜, 1985,「南朝天人圖像の北朝及ひ周邊諸國への傳波」『佛敎藝術』159號.

武田幸男, 1981,「牟頭婁一族と高句麗王權」『朝鮮學報』99·100合輯.

李成市, 1987,「高句麗の建國傳說と王權」『史觀』21.

朝鮮古蹟硏究會, 1937,『昭和十一年度古蹟調査報告』朝鮮總督府(小場恒吉·有光
　　　敎一·澤俊一).

朝鮮總督府, 1914,「大正元年朝鮮古蹟調査略報告」『大正三年九月朝鮮古蹟調査
　　　略報告』.

朝鮮總督府, 1915,『朝鮮古蹟圖譜』二, 名著出版社(關野貞 外).

朝鮮總督府, 1930,『高句麗時代之遺蹟』圖版下卷(古蹟調査特別報告第五冊).

朝鮮畫報社編輯部 編, 1985,『高句麗古墳壁畫』講談社.

池內宏·梅原末治, 1940,『通溝』卷下(日滿文化協會).

塚本善隆, 1979,「華北豪族國家の佛敎興隆」『中國佛敎通史』卷1 春秋社.

마리야 김부타스, 2016,『여신의 언어』, 고혜경 역, 한겨레출판.

마창의, 2013,『古本山海經圖說(上)』, 조현주 역, 다른 생각.

마창의, 2013,『古本山海經圖說(下)』, 조현주 역, 다른 생각.

모종감, 2015,『중국도교사-신선을 꿈꾼 사람들의 이야기』, 이봉호 역, 예문서원.

사라 알란, 2002,『거북의 비밀, 중국인의 우주와 신화』, 오만종 역, 예문서원.

아리엘 골란, 2004,『선사시대가 남긴 세계의 모든 문양』, 정석배 역, 푸른역사.

엘리스 로버츠, 2019,『세상을 바꾼 길들임의 역사』, 김명주 역, 푸른숲.

조지프 캠벨, 1999,『천의 얼굴을 가진 영웅』, 이윤기 역, 민음사.

찾아보기

ㄱ